CITY GUIDE

ISTANBUL

Die schönsten Stadtrundgänge

compact verlag

INHALT

Titelbild: Blick auf die Hagia Sophia (Gunda Amberg)
Frontispiz (S. 2): Sultan Ahmed Moschee (Koch/IFA-Bilderteam)

Im Compact Verlag sind zum Thema „Türkei" folgende
Bände erschienen:

Compact Minireiseführer:
    „Istanbul von A–Z"

© Compact Verlag München
Ausgabe 1993/94
Redaktion: Annette Nolden-Thommen/Marlies Glagow-Lakorchi
Umschlaggestaltung: Art Service Rau, Köln
Karten: Sabine Wirsing
Symbole und Vignetten: Ulrike Kaiser
Gestaltung der Rundgänge: Frank Ramm
Text: Thomas Wolf
Fotosatz: E. Mocker, Eichenau b. München
ISBN 3-8174-4311-0
4343111

Bildnachweis:
Dr. Lutz Bamann (S. 39, 60); Ingrid Grossmann (S. 34, 62);
Rainer Hackenberg (S. 13, 16, 20, 26, 43, 46, 50, 56, 65); Ernst
Höhne (S. 23, 28, 53); Markus Kirchgessner (S. 12, 41).

BENUTZERINFORMATION

Mit dem CITY GUIDE unterwegs – das heißt mehr sehen, mehr kennenlernen, mehr entdecken.
Jeder der drei sorgfältig ausgewählten Rundgänge ist eigenständig, kann aber auch individuell abgekürzt werden. Damit steht ein Programm vom einstündigen Kurzbesuch der interessantesten Sehenswürdigkeiten bis hin zum Komplett-Sightseeing zur Verfügung.
Doppelseitige Stadtteilpläne zeigen jeden Rundgang mit den wichtigsten Stationen auf einen Blick. Der farbig eingezeichnete Routenverlauf informiert klar und deutlich über Ort, Ausdehnung, Art und Dauer der Route. Eine in die Karte eingeblendete Kurzcharakteristik bietet schon vorab eine Zusammenstellung der wichtigsten Sehenswürdigkeiten.
Ausgetüftelte, von Agfa speziell erarbeitete Foto- und Standorttips sorgen für mehr Freude und Erfolg beim Fotografieren.
Übersichtliche, einprägsame Symbole neben dem Stichwort oder bei den Kurzangaben in der Randspalte verhelfen zum schnellen Überblick und signalisieren, worum es sich handelt:

Bars, Cafés und Restaurants

Fotomotive, Standorte und Tips

Sehenswürdigkeiten

Kunst und Kultur

Freizeit- und Familienattraktionen

Einkaufsmöglichkeiten

Insider-Tips

Öffnungszeiten und Zusatzinformationen

Die besondere geographische Lage des heutigen Istanbuls war der Grund für die **erstmalige Besiedlung** durch die Griechen **667 v. Chr.** Sie gründeten hier die Stadt Byzanz, die vor allem vom strategischen Gesichtspunkt her eine ideale Lage hatte. Da die Stadt an drei Seiten von Wasser umgeben war, mußte sie lediglich auf einer schmalen Landseite mit Mauern und Türmen befestigt werden. Binnen kurzer Zeit wurde sie zu einem bedeutenden Handelszentrum.

340 v. Chr. konnte Byzanz erfolgreich der Belagerung durch Phillipp II. von Makedonien widerstehen, wurde jedoch im Jahre **196 n. Chr.** durch den **römischen Kaiser Septimus Severus** im Zuge der Kämpfe gegen seinen Gegen-Kaiser zerstört. Von diesem Zeitpunkt an stand Byzanz unter römischer Herrschaft. Septimus Severus baute die Stadt und ihre Verteidigungswälle prächtiger und sicherer als zuvor wieder auf.

Im Jahre **324 n. Chr.** zog **Konstantin der Große** in die Stadt ein und machte sie zur **Hauptstadt des Römischen Reiches.** Daraufhin wurde Byzanz in Konstantinopel umbenannt.

Das Stadtgebiet wurde durch den Bau der neuen konstantinischen Stadtmauer um etwa das Fünffache erweitert. Kaiser Konstantin ließ auch breite Straßen, große Plätze und Foren sowie viele Kirchen anlegen. Von dieser Bautätigkeit ist heute allerdings nur noch die Konstantinsäule erhalten. Aufgrund der enormen baulichen Erneuerungen dehnte sich die Stadt noch zu Konstantins Lebzeiten über die Mauer hinweg aus.

Der allgemeine Zerfall des römischen Reiches war dennoch nicht mehr aufzuhalten. Ein Zeichen dafür war die Eroberung des Westens durch den Germanen Odokar, die Konstantinopel **476 n. Chr.** zur **alleinigen Hauptstadt des oströmischen Reiches** werden ließ.

Während des langen Zeitraums der Loslösung von Rom waren Sprache und Verwaltung wieder griechisch geworden. Es entstand das **byzantinische Reich,** das unter **Justinian 527–565** seinen Höhepunkt hatte. Zu dieser Zeit wurde auch die prächtige Moschee Hagia Sophia erbaut. In den Jahren 674–678 und 717–718 mußte Konstantinopel

---

667 v. Chr.
erstmalige Besiedlung.

340 v. Chr.
erfolgreicher Widerstand der Belagerung durch Philipp II

324 n. Chr.
Hauptstadt des Römischen Reiches

476 n. Chr.
Hauptstadt des oströmischen Reiches

527–565
Höhepunkt des byzantinischen Reiches

6

immer wieder **Angriffswellen der Araber** stand-halten, die die Stadt allerdings nicht erobern konnten.

Ständige Angriffe durch die Araber

Zu relativer Ruhe kam die Stadt erst wieder unter **Basileos I. (867–886).** Der **Gründer der makedo-nischen Kaiserdynastie** schaffte die Vorausset-zungen dafür, daß Kunst und Wissenschaft Konstantinopels Vorbild für die westliche Welt wurden. Auf dem Höhepunkt der Entwicklung vollzog sich 1054 die Trennung der beiden großen christlichen Glaubensgemeinschaften in die grie-chisch-orthodoxe und die römisch-katholische Kirche (Schisma).

867–886 Basileos I.

Im Jahre 1203 und, nach kurzer Verdrängung, das zweite Mal 1204 eroberten während des 4. Kreuzzuges venezianische Kreuzfahrer Kon-stantinopel. Sie errichteten in der Folge das soge-nannte **Lateinische Kaiserreich,** das **bis 1261** andauern sollte.

Lateinisches Kai-serreich bis 1261

Am 29. Mai 1453 eroberte Sultan Mehmet II. Kon-stantinopel. Durch den **Sieg über Konstantin XI.,** der in der Schlacht fiel, endete auch das oströmi-sche Reich. Der Ausruf der Verteidiger „is tin po-lin" (er – der Türke – ist in der Stadt) führte zu der heutigen Bezeichnung Istanbul. **1458** machte der Sultan Istanbul zur **Hauptstadt des osmanischen Reichs.** Über lange Zeit hinweg, bis ins Jahr 1807, herrschten nun Frieden und Aufschwung.

1453 Ende des oströ-mischen Reiches

1458 Istanbul wird Hauptstadt des osmanischen Reichs

In diesem Jahr 1807 setzten die Janitscharen, eine türkische Eliteeinheit, Sultan Selim III. ab, was aber nur ihre blutige Auflösung im Jahre 1826 zur Folge hatte. Das deutsch-türkische Defensiv-bündnis von 1914 führte zur **Besetzung Istanbuls von 1918–1923** durch die Alliierten. Der letzte Sul-tan der Osmanen, Mehmet VI., wurde im April 1920 durch die Nationalversammlung abgesetzt. **Am 29. Oktober 1923,** nach dem Ausruf der **tür-kischen Republik,** wurde Ankara neue Haupt-stadt.

1918–1923 Besetzung Istanbuls

1923 Ausruf der türki-schen Republik

Istanbul, damit nicht mehr politischer Mittelpunkt des Landes, erlebt seit 1945 neuen wirtschaftli-chen und kulturellen Aufschwung. Die Stadt mit ihren beinahe sieben Millionen Einwohnern ist heute Ort der Begegnung abendländischer und orientalischer Kultur.

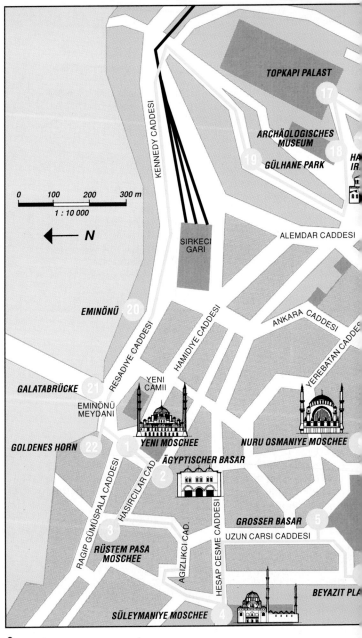

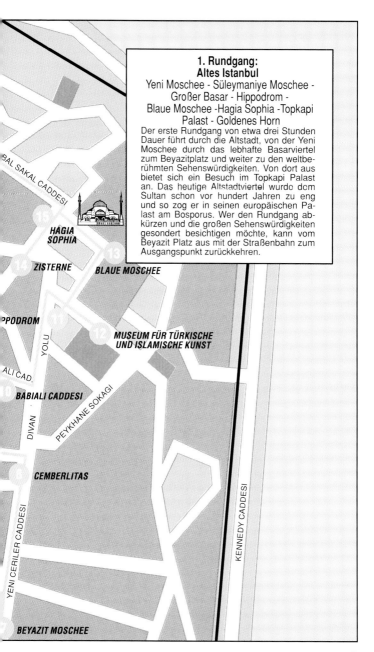

BAL SAKAL CADDESI

HAGIA SOPHIA

ZISTERNE

BLAUE MOSCHEE

HIPPODROM

YOLU

MUSEUM FÜR TÜRKISCHE UND ISLAMISCHE KUNST

ALI CAD.

BABIALI CADDESI

DIVAN

PEYKHANE SOKAGI

CEMBERLITAS

YENI CERILER CADDESI

KENNEDY CADDESI

BEYAZIT MOSCHEE

---

1. Rundgang:
Altes Istanbul
Yeni Moschee - Süleymaniye Moschee -
Großer Basar - Hippodrom -
Blaue Moschee -Hagia Sophia -Topkapi
Palast - Goldenes Horn

Der erste Rundgang von etwa drei Stunden
Dauer führt durch die Altstadt, von der Yeni
Moschee durch das lebhafte Basarviertel
zum Beyazitplatz und weiter zu den weltberühmten Sehenswürdigkeiten. Von dort aus
bietet sich ein Besuch im Topkapi Palast
an. Das heutige Altstadtviertel wurde dem
Sultan schon vor hundert Jahren zu eng
und so zog er in seinen europäischen Palast am Bosporus. Wer den Rundgang abkürzen und die großen Sehenswürdigkeiten
gesondert besichtigen möchte, kann vom
Beyazit Platz aus mit der Straßenbahn zum
Ausgangspunkt zurückkehren.

YENI MOSCHEE 1

i Der Ausgangspunkt ist mit allen Bussen, die in Richtung Eminönü fahren, oder mit dem Taxi zu erreichen.

☆ Im ehemaligen Moscheengarten befindet sich ein Vogel- und Blumenmarkt, der von einem besonders schönen Teehaus und preiswerten Lokalen gesäumt wird.

📷 Die vielen Tauben auf der breiten Treppe vor der Moschee sind ein beliebtes Fotomotiv. Sie gelten im Islam als heilige Tiere.

Die Yeni Moschee, oder auch **Neue Moschee**, prägt das Stadtbild Istanbuls durch ihren Standort, da sie direkt an der Einmündung des Goldenen Horns in den Bosporus liegt. Baubeginn war 1597. Nach dem Tode Sultan Mehmet III. wurden die Bauarbeiten unterbrochen. Die Fertigstellung der Moschee auf der Basis der alten Mauern erfolgte erst 1663, woraus sich auch der Name „Neue" Moschee erklärt. Bis es soweit war, mußten enorme und sehr verschiedenartige Schwierigkeiten überwunden werden. Dazu zählten im besonderen komplizierte Unterwasserarbeiten: Wegen des nahen Meeres und des hohen Grundwasserspiegels mußte einer der Architekten, Dalgic („Taucher") Ahmet Aga, der Spezialist für komplizierte Brücken- und Wasserbauwerke war, diese Art der Arbeiten vornehmen.

Der Grundriß der nach Überwindung aller Widrigkeiten fertiggestellten Moschee ist konservativ. So ist sie mit einer Zentralkuppel, an die vier Halbkuppeln angegliedert sind, kreuzförmig aufgebaut. In ihrem **Innern**, das erst 1669 fertiggestellt wurde, befinden sich beeindruckende Fayencen. Von außen, über ein Stadthaus, ist die durch goldene Gitter geschützte Sultansloge zugänglich.

 ÄGYPTISCHER BASAR 2

i Ägyptischer Basar, werkt. von 9–19 Uhr geöffnet.

Der Ägyptische Basar befindet sich direkt hinter der Yeni Moschee. Er kann besonders durch die Angliederung seiner Dächer an die Moschee auch als ein Teil von ihr betrachtet werden. Für den Basar gibt es zwar Öffnungszeiten, die in Istanbul allerdings nicht immer eingehalten werden. Es existiert kein Ladenschlußgesetz, das die Händler daran hindern würde, auch spätabends oder Sonntags Waren zu verkaufen. Ursprünglich wurde der Basar um 1660 errichtet und war zur

Mittelbeschaffung für anfallende Reparaturen an der Moschee gedacht. Mehrmals abgebrannt und wiederaufgebaut geht die jetzige Anlage des Basars auf das Jahr 1943 zurück. Zu kaufen gibt es hier nahezu alles, was man tragen kann. Das Hauptgewicht des Angebots liegt allerdings immer noch mehr auf den klassischen Artikeln, wie Kräutern, Gewürzen und Teppichen. Der Ägyptische Basar ist durch das bunte orientalische Marktgeschehen und die vielfältigen Gerüche einer der reizvollsten Plätze der Stadt.

Restaurant Pandili über dem Haupteingang, Tel. 5225534. Hier ißt man preiswert in orientalischer Atmosphäre zu Mittag.

RÜSTEM PAŞA MOSCHEE 3

Diese Moschee wurde von Sinan, einem der bedeutendsten Architekten der osmanischen Hochzeit errichtet. Sein erklärtes Ziel war, die beispielhafte und beeindruckende Bauweise der Hagia Sophia zu übertreffen. Als architektonisches Experiment verstand Sinan daher die im Auftrag des Großwesirs Rüstem Paşa erbaute Moschee. Sie gilt heute als die gelungenste unter den kleinen Moscheen Sinans. Ihr Eingang liegt, ein wenig verborgen, in einer kleinen Seitenstraße am Ende der Hasıcılar Caddesi. Außen, vor allem aber im **Inneren** finden sich sehenswerte Fayencen der Izniker Fayencenmanufaktur. Die hochentwickelte osmanische Fliesenkunst kann hier in besonders prächtig ausgeprägter Form bewundert werden. Zu sehen sind fernöstliche Blitz- und Kugelmotive, von Feld zu Feld und von Pfeiler zu Pfeiler wechseln sich Darstellungen von Blüten aller Art ab. Vor allem Tulpen und Granatäpfel verdichten sich zu immer komplizierteren Musterverbänden bis hin zum Mihrab (Gebetsnische) und seiner Umgebung. Deutlich wird durch die Gestaltung der Moschee die Abkehr von der bis dahin strengen ornamentalen Auffassung hin zu phantasievollerer, erfindungsreicherer Ausschmückung, wie sie die Mosaiken zeigen. Beim Besuch der Moschee ist es notwendig, die Bekleidungsvorschriften zu beachten.

Der Eingang befindet sich in einer kleinen Seitenstraße am Ende der Hasırcılar Caddesi. – Diese Moschee wird seltener von Touristen besucht. Die Kleidervorschriften sollten deshalb beachtet werden.

11

Die Süleymaniye Moschee ist Teil des Moscheenkomplexes Külliye

SÜLEYMANIYE MOSCHEE 4

 Die um den Hof stehenden Bauten gehören zum Moscheenkomplex; im Süden die Bibliothek, die Ärzteschule, die Armenküche und die Karawanserei, im Nordosten das Mausoleum des Architekten Sinan.

Die Süleymanıye Moschee ist unter der Anleitung des Baumeisters Sinan im Auftrag Sultan Süleymans des Prächtigen von etwa 5300 Arbeitern zwischen 1550 und 1557 fertiggestellt worden. Nicht nur die Moschee, sondern auch der dazugehörige **Stiftungskomplex** (Külliye) sind nahezu unverändert erhalten geblieben. Die Art des Aufbaus bildet im Grunde genommen eine kleine Stadt für sich. Zum Moscheenkomplex gehören eine Bibliothek, eine Ärzteschule, ein Hospital, eine Karawanserei und eine Armenküche, die auch früher schon zur Verpflegung des gesamten Personals der Külliye diente. Durch ihre herrliche Lage, die einen freien Blick auf das Goldene Horn und das asiatische Ufer ermöglicht, gehört sie zu den schönsten Moscheen der Stadt.

Im **Inneren** beeindrucken die räumliche Weite und Prachtentfaltung: Die Zentralkuppel schwebt 53 Meter hoch über einem 57 x 60 Meter messenden Innenraum. Der in der Mitte stehende Betrachter wird sich so der Grenzen des Raumes kaum noch bewußt. Türen und Fensterläden haben Elfenbein- und Perlmuttverzierungen. In den Zement der Moschee sollen Edelsteine aus Persien gemischt worden sein. Die vier umgebenden **Minarette** sind der Hinweis darauf, daß Süleyman der vierte Sultan Istanbuls war, die insgesamt zehn Balkone der Minarette, daß er der 10. Herrscher des osmanischen Reiches war. Das eindruckvolle Mausoleum Süleymans und das etwas kleinere seines Baumeisters Sinan finden sich im Nordosten des Komplexes und sind auf jeden Fall einen Besuch wert. Auch bei der Süleymanıye Moschee kommt durch die nach innen gerichtete Bauweise der Gedanke des Islam zum Tragen, daß alles Wohnen und Bauen auf Erden nur vorläufigen Charakter hat.

 Von der nördlichen Seite des Moscheengartens aus fällt der Blick auf das Goldene Horn und Beyoglu sowie auf das asiatische Ufer. Bei gutem Wetter sind Panoramaaufnahmen möglich.

GROSSER BASAR 5

Der Große Basar ist mit seinen unzähligen Kuppelbauten und Gassen, den etwa 3000 Läden, vielen Banken, Cafes, Restaurants und Mo-

Großer Basar, werkt. von 8–19 Uhr geöffnet, So. geschl.

Der Große Basar gilt als imposantester orientalischer Markt der Welt

ℹ Ein Übersichtsplan des Großen Basars wird in internationalen Buchhandlungen in Istanbul verkauft.

scheen der größte orientalische Markt der Welt. Das mehr als 30 Hektar große Areal ist nur tagsüber zugänglich. Über Nacht werden die 18 Tore des Viertels geschlossen.

Eine halbe Million Menschen bewegt sich täglich durch den Basar. Durch die Menge der Besucher ist die eigentlich nach Zünften geordnete Einteilung in den einzelnen Gassen etwas gelockert worden. Vor allem die Schmuckhändler sind für die Einwohner Istanbuls auf diesem Markt besonders reizvoll. Beim Verkauf von Schmuck spielt die künstlerische Qualität der Arbeit kaum eine Rolle, es kommt mehr auf das Gewicht des Goldgehalts oder der Steine an. Dadurch bietet sich eine Gelegenheit für den Besucher, sich Schmuck nach eigenen Vorstellungen fertigen zu lassen. Im Zentrum des Basars steht der **Alte Bedesten,** der als der erste überdeckte Markt der Stadt gilt. In der Zeit Mehmet Fatih's 1461 erbaut, dient er zur Aufbewahrung besonders wertvoller Waren, zu denen heute hauptsächlich Antiquitäten zählen. Ein Besuch des Großen Basars empfiehlt sich schon wegen der unvergleichlichen Atmosphäre. Zu beachten ist allerdings das strenge Ausfuhrverbot von echten Antiquitäten, also Kunstwerken, die älter als 100 Jahre sind.

 BEYAZIT PLATZ 6

ℹ Die Straßenbahn führt in wenigen Minuten von hier aus zum Europäischen Bahnhof Sirkeci, von wo aus man schnell zum Ausgangspunkt zurückgelangen kann.

Eine Ladenstraße, die sich als Büchermarkt entpuppt, führt vom Großen Basar zum Beyazit Platz. In diesem Viertel können antiquarische Bücher in nahezu jeder Sprache erstanden werden, selbstverständlich auch in deutsch. Der Beyazit Platz wird optisch durch das Monumentaltor der Universität von Istanbul beherrscht. Zwischen zwei in maurischem Stil erbauten Pavillons steht es an der Nordseite des Platzes. Eine **Universität** in westlichem Sinne wurde in Istanbul erst mit der Errichtung der Türkischen Republik (1923/1924) geschaffen. Damals wurde das freigewordene Gebäude des Kriegsministeriums als Universitätsgebäude zur Verfügung gestellt. Das Parkgelände der Universität wird durch den **Beyazitturm** (Beyazit Kulesi) geprägt. Der Turm wurde im Jahre 1823 anstelle eines älteren Holzturmes aus weißem Marmara-Marmor errichtet. Der Laternenaufsatz bestand auch beim neuen Steinturm ursprünglich aus Holz und wurde erst in neuerer Zeit in Stein nachgebaut. Die Form des Turmes ist den Minaretten der Nusretiye-Moschee nachempfunden. Typisch sind hierfür die knollenartige Basis und der kapitellartige Balkon unter der durchfensterten Turmstube.

Zuletzt diente der 50 Meter hohe Turm als Feuerwache. Von seiner oberen Galerie aus bietet sich ein beeindruckender Rundblick über die Stadt.

Dem Westeingang des Großen Basar gegenüber (Lekeciler Sokak) findet man in einem Antiquariatsviertel Stiche, alte Postkarten sowie deutsch- und englischsprachige Bücher.

BEYAZIT MOSCHEE 7

Bei der Beyazıt Moschee handelt es sich in Grundriß und Bedachung eigentlich um eine kleinere Ausgabe der Hagia Sophia. Auch „**Tauben-Moschee**" genannt, wurde diese älteste erhaltene Sultansmoschee der Stadt in den Jahren 1501 bis 1506 fertiggestellt. Auftraggeber war Sultan Beyazıt II., der, im Gegensatz zu seinem Vater Mehmet Fatih (der Eroberer), der Überlieferung nach eher ruhig gewesen zu sein schien.

So fällt auch die Wirkung der Moschee auf eine angenehme Weise bescheiden aus. Vom umgebenden Stiftungskomplex ist nur noch wenig erhalten. Die ehemalige Armenküche wurde 1882 zur **Staatsbibliothek** umgebaut, die einstige Medrese (Koranschule) dient heute als **Stadtbücherei**. Beide prägen zusammen mit der Universität den Charakter des Viertels rund um die Beyazıt Moschee als ein Paradies für Bücherfreunde. Auf dem Moscheengelände befindet sich außerdem das **Museum für Kalligraphie**.

Von April bis Oktober lädt ein reizvoller ruhiger Teegarten unter alten Platanen, den „Bäumen des Müßiggangs", zu einer Pause ein.

Museum für Kalligraphie auf dem Moscheengelände, tgl. 9–16 Uhr, außer Mo.

Von April bis Okt. ist der reizvolle Teegarten unter alten Platanen geöffnet.

ÇEMBERLITAŞ 8

Çemberlitaş Hamam, tgl. von 13–22 Uhr geöffnet.

Die Säule wurde ursprünglich im Jahre 330 unter Konstantin dem Großen errichtet. Sie sollte den neuen Status von Byzanz als Hauptstadt des oströmischen Reiches symbolisieren. Heute ist sie die bekannteste der großen Triumph- und Denkmalsäulen der Stadt. Ihre Gesamthöhe beträgt 34,80 Meter; ursprünglich soll sie fast 50 Meter hoch gewesen sein. Die Säule steht auf einem Marmorsockel, der seinerseits auf einem 4,60 Meter tief reichenden Gewölbe ruht. An dieser Stelle sollen der Sage nach mehrere Reliquien eingeschlossen sein, darunter Nägel und sogar Holzteile des Kreuzes Christi. Der Beiname der Çemberlitaş, **„Verbrannte Säule"**, geht auf den großen Brand von 1770 zurück. Während des Brandes erhielt sie ihr heutiges schwarzes Aussehen. Direkt der Säule gegenüber befindet sich eines der drei bekannten türkischen Bäder in Istanbul, das **Çemberlitaş** Hamam. Besucher können sich hier nach türkischer Sitte pflegen lassen. Erbaut wurde das Bad im Auftrag von Nur Banu, der

Die Çemberlitaş, auch „Verbrannte Säule" genannt

Frau Sultan Selims II. und Mutter Murats III., im Jahr ihres Todes 1583. Von seiner Bauweise her diente das Çemberlitaş Hamam als Vorbild für das ungleich berühmtere Cagaloglu Hamam, das beinahe 200 Jahre später in der Nähe des Yerebatan Sarayi fertiggestellt wurde.

NURU OSMANIYE MOSCHEE 9

Die Moschee wurde in den Jahren 1748 bis 1755 unter Sultan Osman III. gebaut. Von ihrem Bauherrn hat die Moschee auch ihren blumigen Namen **„Licht des Hauses Osman"**. Im **Inneren** machen 174 Fenster durch den dadurch möglich werdenden Lichteinfall diesem Namen auch alle Ehre. Sehenswert ist der ungewöhnlich gestaltete Vorhof der Moschee. Obwohl die Wände insgesamt siebenmal gebrochen, das heißt siebeneckig angelegt sind, schließt der Vorhof doch noch in einem beinahe exakten Halbkreis an die Moschee an. Das Äußere der Nuru Osmaniye Moschee zeigt zum ersten Mal an einer großen Moschee den Einfluß des europäischen Barock, der Mitte des 18. Jahrhunderts zu Ende ging. Die Gliederung des Bauwerks ist eindeutig dem abendländischen Sakralbau entlehnt. Im Viertel rund um die Moschee befinden sich Souvenirgeschäfte aller Art. Sogar Schattenspielfiguren aus Kamelhaut (Karagözfiguren) können hier erworben werden. Wirklich große Teppichgeschäfte können in der Fußgängern vorbehaltenen Straße Nuru Osmaniye Caddesi besichtigt werden.

Souvenirgeschäfte aller Art finden sich in diesem Viertel. Karagözfiguren (Schattenspielfiguren) aus Kamelhaut verkauft Levent Hediyelik Eşya am Osteingang des Basars.

In der Fußgängerstraße Nuru Osmaniye Caddesi befinden sich große Teppichgeschäfte.

PRESSEVIERTEL (BABIALI CADDESI) 10

Der Name des Presseviertels – Babiali Caddesi – geht zurück auf einen Portalbau von 1843. Dieser Bau hieß Babiali, „Hohe Pforte". Der Großwesir leitete von hier aus, quasi als „Kanzler", die Re-

ℹ️ Nach Verlassen der Fußgängerstraße führt der Weg entlang der Babiali Caddesi nach links zum Ausgangspunkt zurück. Nach rechts führt er zum Hippodrom.

🏃 Cagaloglu Hamam, Babiali Caddesi, Tel. 5128553.

gierungsgeschäfte des osmanischen Reiches. Wenn man in Europa bis in das 20. Jahrhundert hinein die Türkei und ihre Außenpolitik meinte, sprach man vereinfachend von der „**Hohen Pforte**". Heute dienen die Amtsräume als Sitz der Provinzregierung von Istanbul. Das Viertel rund um die von Babiali bis zum Divan Yolu führende Straße, ist das Zentrum der türkischen Presse. Eine große Anzahl von Verlagen und Druckereien hat hier ihre Heimat gefunden. In diesem Viertel befindet sich auch das berühmte türkische Bad **Cagaloglu Hamam.** Es wurde von Sultan Mahmut I. (1730–1754) gestiftet. Räume und Eingänge sind nach Geschlechtern getrennt. Das Bad gehört zu den schönsten türkischen Bädern.

HIPPODROM 11

📷 In den Nachmittagsstunden empfiehlt sich eine Aufnahme des Ägyptischen Obelisken und der Schlangensäule von Norden aus.

🍴 Sultan Ahmet Köfteci, Divan Yolu 6, an der Stirnseite des Platzes. Hier können sie preiswert und gut essen.

Als erster Neubau nach den Zerstörungen im Zuge der Eroberung der Stadt ließ Kaiser Septimius Severus das Hippodrom im Jahre 203 n. Chr. errichten. Das Bauwerk sollte von der Bevölkerung als Zeichen der Versöhnung verstanden werden. Um das Jahr 330 erweiterte Konstantin der Große das Hippodrom auf seine endgültigen Maße von ca. 400 Metern Länge und ca. 120 Metern Breite. Auf diese Weise konnten nahezu 100 000 Zuschauer die Wagenrennen verfolgen. Die Kaiserloge wurde von einer goldenen Quadriga (Viergespann) gekrönt, die seit 1814 in Venedig zu besichtigen ist. Vom eigentlichen Bau des Hippodroms sind nur noch wenige Bruchstücke und ein paar steinerne Sitzreihen erhalten sowie Teile der Spina, der terrassenförmig angelegten Mittelachse des Rennbahnovals: Der 20 Meter hohe **Theodosius-Obelisk** wurde im Jahr 390 durch Kaiser Theodosius I. mitten auf der Spina aufgestellt. Er stammt ursprünglich aus Ägypten und so sind an seiner Spitze Verzierungen zu erkennen, die auf Pharao Thutmosis I. (1549–1503 v. Chr.) und seine Verehrung des Sonnengottes Amon Re zurückgehen. Die nicht mehr vollständig erhaltene **Schlangensäule,** deren Ursprung um das Jahr 479 v. Chr. in Delphi zu suchen ist, zeigt drei sich umschlingende Bronzeschlangen, deren Köpfe aus religiösen Gründen im Laufe der Geschichte unwiederbringlich zerstört wurden. Der gemauerte 32 Meter hohe **Obelisk (Örmetas)** war zunächst mit vergoldeten Bronzeplatten verkleidet, die aber den Plünderungen des 4. Kreuzzuges zum Opfer fielen und eingeschmolzen wurden. Im Norden des Platzes steht der sehenswerte **Kaiser-Wilhelm-Brunnen,** auch Deutscher Brunnen (Alman Cesmesi) genannt. Er war ein Geschenk Kaiser Wilhelms II. an Sultan Abdülhamit II. anläßlich eines Staatsbesuches im Jahr 1895.

MUSEUM F. TÜRK. UND ISLAM. KUNST 12

Das Museum für Türkische und Islamische Kunst (Türk ve Islam Eserleri Müzesi) war ursprünglich Palast und Empfangsgebäude des Ibrahim Paşa, eines Großwesirs Süleymans des Prächtigen (1523–1536). Zu Macht und Einfluß des Großwesirs trug seine Heirat mit der Schwester des Sultans bei. So war es Ibrahim Paşa möglich, den 1524 fertiggestellten Palast errichten zu lassen, der als einer der größten Privatpaläste der osmanischen Epoche galt. Im Laufe der Zeit entwickelte sich eine gefährliche Konkurrenz zwischen dem Großwesir und dem Sultan, die damit endete, daß der Sultan seinen Schwager nach einem gemeinsamen Abendessen ermorden ließ. Anfang der 80er Jahre wurde der Palast vollkommen renoviert. Das Museum, 1983 hier eingerichtet, vermittelt durch seinen reichhaltigen Bestand an Objekten einen umfassenden Eindruck türkischer Kultur. Von den nahezu 1300 gelagerten **Teppichen** werden die wertvollsten Stücke gezeigt. Darunter finden sich die ältesten bekannten Fragmente orientalischer Teppichknüpfkunst (ca. 1219) in Größen bis zu 3 x 4 Metern. Von den ausgestellten **Handschriften** zählen

ℹ️ Museum für Türkische und Islamische Kunst, tgl. von 10–17 Uhr geöffnet, außer Mo.

☕ Im Terrassencafé des Museums mit dem weiten Blick über das Hippodrom entspannen Sie bei einem Glas Tee.

19

vor allem frühe Koranausgaben in kufischer Schrift aus dem 8. Jh. zu den Besonderheiten des Museums. Die **Wohn- und Lebensgewohnheiten** der Menschen lassen sich durch die Besichtigung ihrer Wohnräume vom Nomadenzelt bis zu Raumeinrichtungen des 19. Jhs. nachvollziehen.

 BLAUE MOSCHEE 13

Besichtigungen sind tgl. möglich. Kopftücher werden am Eingang zur Verfügung gestellt.

Die Blaue Moschee, auch **Sultan Ahmet Camii** genannt, wurde von 1609–1617 im Auftrag des Sultans Ahmet I. errichtet. Er wollte eine neue Hauptmoschee bauen lassen, die schöner und imposanter als die Hagia Sophia sein sollte. Mehmet Aga, der Baumeister der Moschee, wählte als Bauplatz den Hügel am Hippodrom, von dem aus die Moschee das Stadtbild bis heute mitbestimmt. Die Moschee ist in der Tradition der großen Sultansmoscheen des 16. Jhs. gebaut, obwohl sie als einzige Moschee Istanbuls über sechs Minarette verfügt. Die sie umgebenden Nebenanlagen, wie Koranschule und Armenküche, sind ebenfalls von

Blaue Moschee mit Reinigungsbrunnen

Mehmet Aga errichtet worden. Hier sammelten sich bis ins 19. Jh. die großen Züge der Mekkapilger. Ein großes Portal führt in den rechteckigen, mit Marmorplatten ausgelegten **Säulenvorhof,** in dessen Mitte sich der sechseckige Sadirvan, der Reinigungsbrunnen, befindet. Beim Eintreten ins **Innere** der Moschee öffnet sich der Blick in die Weite des rechteckigen Beetsaales, der 72 x 64 Meter mißt. Vier Rundpfeiler mit einem Durchmesser von jeweils fünf Metern stützen die vier Halbkuppeln und die Zentralkuppel, die eine Höhe von 43 Metern und einen Durchmesser von 22 Metern hat. Bis zur Höhe der oberen Fenster sind alle Wände mit insgesamt 21 000 blau-grünen Keramikfliesen verkleidet. Die Bezeichung „Blaue Moschee" leitet sich von diesen Fliesen ab, deren Leuchten durch die Lichtflut der 260 Fenster betont wird. Um die Bedeutung der Moschee hervorzuheben, wurde in den Mihrab (Gebetsnische) aus weißem Marmor ein Stück des schwarzen Steins der Kaaba (größtes Heiligtum des Islam in Mekka) eingearbeitet. Die Minbar (Predigtkanzel), ebenfalls aus weißem Marmor, ist der Kanzel der Kaaba nachgebildet.

Aus der Parkanlage fotografieren Sie die Moschee von Nordosten aus am besten in den Morgenstunden. Der niedrige Sonnenstand am Morgen erzeugt nämlich reizvolle Lichtstimmungen.

Das Teppichmuseum im Moscheengarten enthält eine der größten Sammlungen der Welt, tgl. 9.30–17.30, außer So. u. Mo.

Yeşil Ev, Kabasakal Babuhumayun Caddesi, Tel. 5 28 67 64.

ZISTERNE   14

Bei dieser überdachten byzantinischen Zisterne handelt es sich um die **Yerebatan Sarayi,** die in Form einer riesigen künstlichen Höhle angelegt ist. Um im Fall einer Belagerung Wasser aus dem Wald nördlich der Stadt sammeln zu können, wurde die Zisterne unter Konstantin dem Großen um das Jahr 330 als Cisterna Basilica angelegt. Kaiser Justinian (527–565) ließ die Grundfläche der Anlage auf das heutige Maß von 70 x 140 Metern erweitern. Annähernd 60 solcher Zisternen gab es im byzantinischen Konstantinopel, allerdings hatten nicht alle solche Ausmaße. Die imposante **Halle** der Yerebatan Sarayi liegt 15 Meter unter der Erde. 336 Säulen tragen die aus Ziegeln gemauerten Gewölbe. Die Säulen sind angeord-

Yerebatan-Zisterne, Yerebatan Caddesi, tgl. 9–17 Uhr.

Bei Verwendung eines höher empfindlichen Films (z. B. Agfacolor XRG 400) gelingen Ihnen auch ohne Blitz reizvolle Innenaufnahmen der festlich ausgeleuchteten Zisterne.

net in zwölf Reihen zu je 28 Säulen. Aufgrund dieses kirchen- und palastartigen Erscheinungsbildes der Zisterne wurde sie lange Zeit als „versunkener Palast" bezeichnet. Die Wasserbecken sind heute bequem auf Stegen begehbar. Früher mußte mit dem Boot manövriert werden. Lichteffekte und Musik schaffen eine unwirkliche, märchenhafte Atmosphäre. Die durch das Licht erzeugten vielfältigen Spiegelungen der Säulen im Wasser lassen die ohnehin schon gewaltigen Dimensionen der Halle noch größer wirken.

HAGIA SOPHIA 15

Hagia Sophia, tgl. von 9.30–17 Uhr geöffnet, außer Mo.

Die Galerie mit den meisten Mosaiken ist gelegentlich in den Mittagsstunden geschlossen. Fragen Sie an der Kasse nach, wann die Emporen geöffnet sind.

Bevor Sie in den ersten Hof des Topkapi Palastes eintreten, finden Sie linker Hand in der Sogukçeşme Sokak Restaurants und Pensionen in restaurierten Holzhäusern.

Die Hagia Sophia **(Ayasofia)** gilt noch immer als das erhabenste Gotteshaus, das je geschaffen wurde. Trotz der Bemühungen von Kaisern und Sultanen, ein Bauwerk zu errichten, das sie an Kunst und Größe übertreffen könnte, blieb die Hagia Sophia bis heute Mittelpunkt und Wahrzeichen der Stadt. Als solches kann sie auf eine bewegte und lange Geschichte zurückblicken. Die erste Hagia Sophia (326–360) entstand unter Konstantin dem Großen. Im Jahre 360 als Kirche der heiligen göttlichen Weisheit geweiht (griech. Hagia Sophia), war sie die erste geweihte Hauptkirche Ostroms. Nach einem Brand im Jahre 404 wurde sie unter Kaiser Theodosius II. als fünfschiffige Basilika wiederaufgebaut, ging jedoch ein Jahrhundert später im Nika-Aufstand (532) erneut in Flammen auf. Nach der Niederschlagung des Aufstands ließ der zu dieser Zeit regierende Kaiser Justinian die Reste des Bauwerks abreißen und begann mit der Errichtung der Hagia Sophia in ihrer heutigen Form als Kuppelbasilika. Die Bauzeit betrug fünf Jahre und zehn Monate (532–537). Architekten waren Anthemios von Thralles (Entwurf) und Isidoros von Milet (Statik). Nach mehreren Erdbeben wurde die **Kuppel** der Hagia Sophia im Jahr 558 um ca. sechs Meter erhöht und zuletzt 1573 durch eine Verstärkung der Stützpfeiler gesichert. Diese zusätzliche Verstärkung des Mau-

Die Hagia Sophia ist die berühmteste Moschee der Türkei

erwerks wurde bereits unter dem osmanischen Baumeister Sinan und nach der Umwandlung der Hagia Sophia in eine Moschee (1453) begonnen. Die umgebenden vier Minarette entstanden unter den Sultanen Mehmet II. (1451–1481), Beyazit II. (1481–1512), Selim II. (1566–1574) und Murat III. (1574–1595). Bis 1934 wurde die Hagia Sophia als Moschee genutzt und dient seit dieser Zeit als Museum. Das imposante **Äußere** des Baus wird optisch durch die mächtigen Strebepfeiler und Stützmauern und die darüber sitzende, alles dominierende Kuppel beherrscht. Durch ein monumentales Portal gelangt man in die **innere Vorhalle,** die 61 Meter lang und acht Meter breit ist. Ihre Wände sind mit Marmortableaus verkleidet. Die Deckengewölbe zieren Goldmosaike mit Ornamenten und Kreuzen. Die „Schöne Tür" begrenzt mit messingbeschlagenen Flügeln im Süden die Halle. Auf dem Widmungsmosaik über dem Portal ist zwischen Konstantin und Justinian die hl. Maria mit dem segnenden Kind als Schutzherrin der Stadt und der Kirche zu erkennen. Neun Türen führen in den Innenraum der Kirche. Die mittlere und größte ist die sogenannte „Kaisertür". An ihr sind Messinghaken in Form

23

menschlicher Finger zu erkennen, die zum An-
bringen von Vorhängen gedacht waren. Kern des
Innenraums ist das Kuppelquadrat, das von vier
mächtigen Pfeilern mit 31 Metern Seitenlänge ge-
bildet wird. Über dem Grund wölbt sich die ca. 32
Meter durchmessende Rippenkuppel mit einer
Scheitelhöhe von 56,2 Metern. Durch die 40 Fenster am unteren Rand wirkt die Kuppel freischwe-
bend. Ihr Anblick wurde daher auch als „Abbild
des Himmels" verstanden. In der Nähe der Kaisertüre findet sich eine Kuriosität, die sogenannte
„Schwitzende Säule". Sie besteht aus porösem
Marmor und fühlt sich immer feucht an, da sie
Wasser aus einer unter ihr liegenden Zisterne
zieht.

Ihre Berührung soll Wunder wirken. Die 1250 Liter
Wasser fassenden Alabastervasen zu beiden Seiten der Kaisertüre wurden von Murat III. gestiftet
und dienten als Reinigungsbrunnen. Aus der Zeit
Ahmet III. (1703–1730) stammt die Sultanstribüne.
Auf der Südempore finden sich drei der schönsten Wandmosaike der byzantinischen Ära, darunter die berühmte „Große Deesis" (Fürbitt-Bild),
die ca. 1261 geschaffen wurde. Insgesamt be-
deckt der Mosaikschmuck der Hagia Sophia eine
Fläche von nicht weniger als 16 000 m².

In dem **Garten,** der das Bauwerk umgibt, kann
man ein aus dem 15. Jh. stammendes Küchen-
haus, einen überdachten Reinigungsbrunnen
(18. Jh.) und den Uhrenpavillion aus dem 19. Jh.
besichtigen.

HAGIA EIRENE 16

ℹ️ Hagia
Eirene,
tgl. von 9.30–17
Uhr geöffnet,
außer Mi.

Eine der ältesten Kirchen der Stadt ist die Hagia
Eirene **(Aya Irina Kilisesi),** die sich im 1. Vorhof
des Topkapi Palastes befindet. Nach historischen
Quellen ist sie an die Stelle eines Aphrodite-
Tempels getreten und soll bereits in vorkonstanti-
nischer Zeit erbaut worden sein. In ihr fand 381,
während der Regierungszeit von Kaiser Theodosius I., das erste ökumenische Konzil statt, das

die Formulierung des christlichen Glaubensbekenntnisses zum Inhalt hatte. Genau wie die Hagia Sophia wurde die Hagia Eirene während des Nika-Aufstands 532 abgebrannt und danach auf Weisung Kaiser Justinians als Kuppelbasilika neu errichtet. Ihre heutige Form geht auf die Zeit nach 740 zurück. Die Kirche wurde in diesem Jahr durch ein Erdbeben zerstört und unter Konstantln V. (741–775) als dreischiffige, von zwei Kuppeln überwölbte Basilika neu erbaut. Ab der Mitte des 15. Jhs. diente sie den Osmanen als Teil des Palastes, vor allem aber als Waffenmagazin. Nach 1826 wurde die Kirche zum Armeemuseum, woran noch verschiedene Bronzekanonen auf dem Kirchenvorplatz erinnern. Im **Inneren** ist bis heute einer der Porphyrsarkophage erhalten. Durch das Christusmonogramm und seine Größe (ca. 3,2 m lang, 3,1 m hoch und 1,9 m breit), hielt man ihn ursprünglich für den Sarkophag Konstantins des Großen. Die Hagia Eirene ist während des Istanbul Festivals im Juli und August Schauplatz von Konzerten und anderen Veranstaltungen.

In den Monaten Juli und August finden in der Kirche im Rahmen des Instanbul Festivals Konzerte und Arienabende statt.

TOPKAPI PALAST 17

Der Topkapi Palast (Topkapı Sarayi), bis 1839 die Residenz der osmanischen Sultane, ist eine eigene Stadt für sich. Das Terrain des Palastgeländes mißt rund 70 Hektar und ist damit doppelt so groß wie der Vatikanstaat in Rom. 1462 begann Mehmet Fatih mit dem Bau der Anlage, die durch jeden Sultan erweitert wurde und so zur „Stadt in der Stadt" wurde. Den Namen „Topkapı Sarayi" (Kanonentorpalast) erhielt der Komplex erst unter Sultan Ahmet III. (1703–1730), der am Tor seines Sommerpalastes zwei Kanonen aufstellen ließ. Vor dieser Zeit wurde der Palast ganz einfach nur Yeni Sarayi (Neuer Palast) genannt, da sich die erste Sultansresidenz an der Stelle des antiken „forum tauri" beim Beyazitplatz befand. Vor dem Eingang zum Topkapı Sarayi steht der **Brunnen Ahmets III.** Er stammt aus der Zeit des türkischen

Topkapi Palast, tgl. von 9.30–17 Uhr geöffnet, außer Di.

Führungen durch den Harem sind nur in Gruppen möglich, stdl. 10–16 Uhr.

Ein staatlicher Souvenirladen mit festen Preisen befindet sich neben den Kartenschaltern.

25

Die besondere Dachkonstruktion des Topkapi Palastes

🎦 Auf der Terrasse vor dem Bagdad Pavillon sind Panoramaaufnahmen vom Goldenen Horn und Bosporus möglich.

🕌 Zu den Gebetszeiten hören Sie auf der Terrasse vor dem Bagdad Pavillon die Muezine von vielen Minaretten gleichzeiten singen, ein unvergeßlicher Eindruck.

Rokoko um 1728 und erinnert entfernt an einen asiatischen Tempel. Das eigentliche Palastgelände ist in 4 Höfe aufgeteilt. Durch das **Bab-i Hümayun** (Tor des Reiches) kommt man in den ersten Hof und den äußeren Palastbezirk. Das Tor aus weißem und schwarzem Marmor stammt aus dem Jahr 1478. In den Nischen links und rechts wurden die Köpfe in Ungnade gefallener und hingerichteter Würdenträger ausgestellt. Im ersten Hof steht als herausragendes Gebäude die Hagia Eirene. Der Hof wurde als Wirtschaftshof mit den Wohnungen für die Bediensteten genutzt. Das **Bab-üs-Selam** (Tor der Begrüßung), auch Ortakapi (Mittleres Tor) genannt, führt in den zweiten Hof, der den Regierungsgeschäften vorbehalten war. In diesem Hof befindet sich ebenfalls der weitläufige Trakt der Palastküchen, in denen eine unschätzbare Sammlung chinesischen Porzellans, europäischer Kristalle, Gerätschaften und Geschirr aus der osmanischen Zeit zu besichtigen ist. Vom zweiten Hof aus gelangt man zum Eingang des **Harems,** den Privatgemächern des Sultans. Harem bedeutet soviel wie „heilig" oder „verboten". Zugang hatten als einzige Männer außer dem Sultan nur noch die Eunuchen. Der Harem des Topkapı Sarayi ist ein Labyrinth aus Treppen, Korridoren, Schlaf- und Baderäumen. Er besteht aus mehr als 400 Räumen und ist ohne Führung nicht begehbar. Das Hünkar Sofası, auch Padişah-Halle genannt, ist das prunkvolle Zentrum des Harems. Es diente dem Sultan zusammen mit seinen Lieblingsfrauen zur Erholung und entstand unter Mehmet IV. Bemerkenswert ist auch das Bett der valide sultan (Sultansmutter). Es handelt sich um ein eindrucksvolles goldverziertes Baldachinbett, das mit Blumenfayencen aus dem 17. Jh. geschmückt ist. Durch das **Bab-üs-Saadet** (Tor der Glückseligkeit) betritt man den dritten Hof. Der Sultan nahm hier die Huldigungen der Würdenträger seines Reiches entgegen. Außerdem befanden sich hier die Palastschule, der Sommersitz des Sultans und das Schatzhaus. Höhepunkte der Schatzkammer sind der Topkapı-Dolch, zwei massivgoldene mit 666 Diamanten (für die 666 Verse des Koran) besetzte Leuchter und der sogenannte „Löffelmacher"-Diamant mit 86 Karat und von 49 kleineren Steinen umrahmt. Der vierte Hof des Topkapı Sarayi ist hauptsächlich ein Garten. Hier steht der unter Murat IV. 1638 errichtete Pavillon Bagdad Köskü, der an die Eroberung von Bagdad erinnern sollte. Er gehört durch seine aufwendige Gestaltung zu den schönsten Beispielen osmanischer Barockarchitektur. Auffallend am Komplex des Topkapı Sarayi sind die insgesamt lockere Verteilung der einzelnen Bauten und der Baustil der Pavillons, die an steinerne Zelte erinnern.

ARCHÄOLOGISCHES MUSEUM 18

Das Archäologische Museum (Arkeoloji Müzesi) beherbergt eine der bedeutendsten Altertumssammlungen der Welt, untergebracht in einem 190 m langen zweistöckigen Bau, der von dem französischen Architekten Valaury geschaffen wurde. Das Museum wurde 1908 unter der Direktion des Archäologen Osman Hamdi Bey eröffnet

ℹ Archäologisches Museum, Sarayıcı Osman Hamdi Yokuşu, tgl. 9.30–17 Uhr, außer Mo.

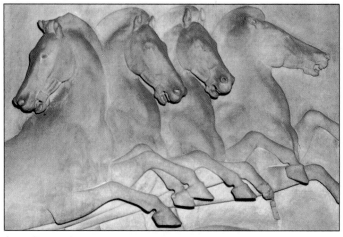

Ausstellungsstück im Archäologischen Museum

 In der Freiluftsammlung auf dem Hof des Museums liegt einer der schönsten Istanbuler Teegärten.

und enthält griechische, römische und byzantinische Kunstwerke von der Antike bis zum Mittelalter. Der Raum des Untergeschosses wird von der Sammlung antiker Plastiken eingenommen. Besonders sehenswert sind hier die reliefgeschmückten antiken **Sarkophage,** darunter auch der Alexandersarkophag aus dem 4. Jh. v. Chr. Im Obergeschoß des Museums sind Gläser, Keramiken, Kleinskulpturen und Schmuck ausgestellt. Zum Museum gehört der **Cinili-Köskü**, ein unter Mehmet II. 1472 vollendeter Fayencenpavillon. Schon die eigene Fliesendekoration des Pavillons ist sehenswert. In seinem **Inneren** befindet sich außerdem die Fayencensammlung des Topkapı Sarayi Museums, deren Wandfliesen bis ins 11. Jh. zurückreichen.

GÜLHANE PARK 19

Der Gülhane Park (Rosenhauspark) lädt zu einem vielversprechenden Spaziergang durch seine Anlagen ein. Hier befindet sich der städtische **Zoo,** dessen Attraktion die Vankatzen mit ihren verschiedenfarbigen Augen sind. Das Atatürk Denkmal, 1926 nach öffentlicher Geldsammlung von dem österreichischen Bildhauer Krippel geschaffen, bildet einen weiteren sehenswerten Punkt des Parks. Es erinnert an Mustafa Kemal Paşa (1881–1938), der als türkischer Armeeführer die Griechen aus Kleinasien vertrieb. Auf seine Bemühungen hin wurde die Sultansherrschaft 1920 beendet. Als erster Präsident ist Mustafa Kemal für die moderne Staatsform und die Verfassung der Türkei maßgebend gewesen. Der Ehrenname „Atatürk" bedeutet daher auch „Vater der Türken".

Am Nordostende des Parks befindet sich die **Gotensäule**, deren Name aus ihrer Inschrift abgeleitet ist: „fortunae reduci ob devictos gothos" (dem Glück, das der besiegten Goten wegen wiederkehrt). Ein genaues Datum für den Zeitpunkt der Aufstellung der Säule ist nicht bekannt. Man nimmt aber an, daß sie von Konstantin dem Großen als Erinnerung an den Gotenfeldzug seines Sohnes Konstantin II. im Jahr 332 n. Chr. aufgestellt wurde. Die Gotensäule ist ein 15 m hoher Granithomonolith, der aus einem auf drei Stufen befestigten Sockel aufragt. Sie folgt damit in ihrer Formgebung der traditionellen Bauweise der Säulen dieser frühen Zeit.

Eine Besonderheit des Zoos sind die Vankatzen mit den verschiedenfarbigen Augen.

Der Teegarten am Ende des Parks bietet einen schönen Ausblick auf das Marmarameer und bei gutem Wetter auch auf die Prinzeninseln.

EMINÖNÜ 20

Das Viertel um den Eminönüplatz herum ist das wirtschaftliche Zentrum Istanbuls. Die großen Handelshöfe, Verwaltungsgebäude von Banken und Versicherungen, Industrievertretungen und Behörden haben hier ihren Sitz. Ursache dafür ist die günstige Lage am Südende der Galatabrücke und das Zusammentreffen aller wichtigen innerstädtischen Verkehrsstränge. Hier befindet sich einer der wichtigsten Busbahnhöfe des städtischen Nahverkehrs. Vorortbahnen treffen in rascher Folge ein. Die Anlegestelle der Bosporus-

Vom Schiffsanleger aus fotografieren Sie die Galatabrücke, das gegenüberliegende Ufer und den regen Schiffsverkehr am besten.

und Prinzeninselschiffe sowie verschiedener Fährschiffe ist hier zu finden. Am südöstlichen Rand des Eminönüviertels liegt der **Sirkeci Bahnhof**. Das Bahnhofsgebäude ist im Stil der Jahrhundertwende gestaltet. Seit 1883 war der Bahnhof die Endstation des legendären Orient-Expreß und Endpunkt der Orientlinie des europäischen Eisenbahnnetzes. Heute treffen an dieser Stelle Züge aus West- und Osteuropa ein, und es ist kaum noch vorstellbar, daß das einmal etwas Besonderes war. In der Nähe, Richtung Goldenes Horn, befindet sich der **Sepetciler Kösk** (Korbmacher Pavillon), der einer der wenigen erhaltenen Uferpavillons ist. Sultan Ibrahim I. ließ ihn bereits im Jahre 1643 erbauen. Die letzte Renovierung erlebte der Sepetciler Kösk im Jahr 1958. Sein kreuzförmiger Kuppelbau mit Vorhalle wird von einem mächtigen Bogenunterbau getragen, dem eine geschlossene Halle vorgelagert ist.

 GALATABRÜCKE 21

Auch auf dieser neuen Brücke gibt es wie seinerzeit auf der alten zahlreiche Restaurants und Läden auf dem Unterdeck.

Die beiden europäischen Stadtteile Eminönü und Beyoglu, am Ausgang des Goldenen Horns, werden durch die Galatabrücke verbunden.

Den Bau einer Brücke über das Goldene Horn plante schon Sultan Beyazit II. (1481–1512). Die erste hölzerne Brückenkonstruktion wurde dann im Auftrag der Mutter des Sultans Abdülmecit im Jahre 1835 errichtet.

In den Jahren 1909–1912 erstellte die Maschinenfabrik Augsburg-Nürnberg (MAN) eine gußeiserne Konstruktion. Diese Brücke hatte eine Länge von 468 m, war 26 m breit und ruhte auf 22 Stahlpontons.

Fast 80 Jahre hat sie der ständigen Verkehrsbelastung standgehalten. Ihr Mittelteil konnte ausgefahren werden, um größeren Schiffen die Einfahrt ins Goldene Horn zu ermöglichen – dies war jedoch stets eine langwierige Prozedur.

Anfang der 90er Jahre wurde schließlich eine dritte und bis jetzt letzte Galatabrücke erbaut, die nicht mehr auf Pontons ruht, sondern fest gegründet ist.

Wegen ihres hochklappbaren Mittelteils (81 m breite Durchfahrt und Schließzeiten von unter drei Minuten), kann das Goldene Horn wieder intensiver als Hafen genutzt werden. Die 484 m lange Brücke ruht auf 116 Pfählen.

GOLDENES HORN 22

Der Wasserarm hat seine Bezeichnung „Goldenes Horn" (Halic) aufgrund der Gestalt und der prächtigen Uferpartien erhalten. Seit der griechischen Zeit wird das Goldene Horn als idealer Naturhafen genutzt.

Der Sage nach hat Istanbul diesem Umstand seine Entstehung zu verdanken. Aus einem versunkenen Flußtal entstanden, ist das Goldene Horn ein 7,5 Kilometer langer und teilweise über 500 Meter breiter Seitenarm des Bosporus. Insgesamt drei Brücken überqueren die Bucht an den günstigsten Stellen: die **Galatabrücke**, die **Atatürkbrücke** und die 960 Meter lange **Fatih-Hochbrücke**.

Durch die Fatih-Hochbrücke ist es im Zuge der Fernverkehrsstraße Edirne – Ankara möglich geworden, die Istanbuler City zu umfahren. Vom Wasser aus läßt sich die Größe des Goldenen Horns am besten begreifen. Hier besteht die Möglichkeit, mit dem Fährschiff von der Anlegestelle Sirkeci Iskelesi aus nach Harem Iskelesi überzusetzen.

Heute beinhaltet die Bezeichnung „Goldenes Horn" auch die Uferseite des Stadtviertels Eminonü in der Nähe der Galatabrücke. Von hier aus ist es möglich, mit dem Motorboot oder einem Taxiboot das Goldene Horn entlang Richtung Eyüp zu fahren. Die etwa 45 Minuten dauernde Fahrt bietet die Gelegenheit, verschiedene Moscheen, die Landmauer oder auch den Valens Aquädukt einmal vom Wasser aus, also aus einer anderen Perspektive zu betrachten.

Rundfahrten auf dem Goldenen Horn sind vom Schiffsanleger hinter der Handelskammer (Ticaret Odası) aus möglich.

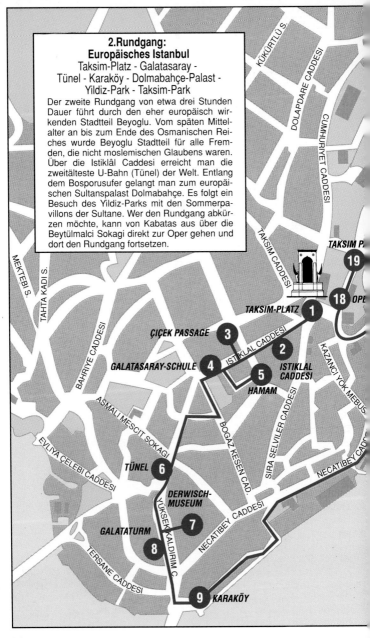

2. Rundgang:
Europäisches Istanbul
Taksim-Platz - Galatasaray -
Tünel - Karaköy - Dolmabahçe-Palast -
Yildiz-Park - Taksim-Park

Der zweite Rundgang von etwa drei Stunden Dauer führt durch den eher europäisch wirkenden Stadtteil Beyoglu. Vom späten Mittelalter an bis zum Ende des Osmanischen Reiches wurde Beyoglu Stadtteil für alle Fremden, die nicht moslemischen Glaubens waren. Über die Istiklâl Caddesi erreicht man die zweitälteste U-Bahn (Tünel) der Welt. Entlang dem Bosporusufer gelangt man zum europäischen Sultanspalast Dolmabahçe. Es folgt ein Besuch des Yildiz-Parks mit den Sommerpavillons der Sultane. Wer den Rundgang abkürzen möchte, kann von Kabatas aus über die Beytülmalci Sokagi direkt zur Oper gehen und dort den Rundgang fortsetzen.

KÜKÜRTLÜ S.

DOLAPDARE CADDESI

CUMHURIYET CADDESI

TAKSIM CADDESI

TAKSIM P

19

18 OPE

MEKTEBI S.

TAHTA KADI S.

TAKSIM-PLATZ **1**

KAZANCI YÖK MEBUS

ÇIÇEK PASSAGE **3**

ISTIKLAL CADDESI

2

BAHRIYE CADDESI

GALATASARAY-SCHULE **4**

5

ISTIKLAL CADDESI

HAMAM

ASMALI MESCIT SOKAGI

BOGAZ KESEN CAD.

SIRA SELVILER CADDESI

EVLIYA ÇELEBI CADDESI

NECATIBEY CADD

TÜNEL **6**

DERWISCH-MUSEUM

YÜKSEK KALDIRIM C.

NECATIBEY CADDESI

7

GALATATURM

8

TERSANE CADDESI

9 **KARAKÖY**

32

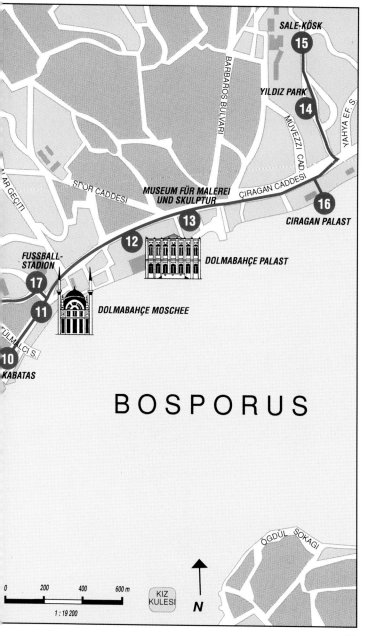

SALE-KÖSK

15

YILDIZ PARK

14

BARBAROS BULVARI

MUVEZZI CAD.

YAHYA EF. S.

SPOR CADDESI

ÇIRAGAN CADDESI

MUSEUM FÜR MALEREI
UND SKULPTUR

13

16

CIRAGAN PALAST

12

DOLMABAHÇE PALAST

FUSSBALL-
STADION

17

DOLMABAHÇE MOSCHEE

11

TÜLMALCI S.

10

KABATAS

BOSPORUS

ÖGDÜL SOKAGI

0   200   400   600 m

KIZ
KULESI

N

1 : 19 200

👁 TAKSIM–PLATZ 1

ℹ Der Ausgangspunkt ist mit allen Bussen, die Richtung Taksim-Platz fahren, oder mit dem Taxi zu erreichen.

🍴 Hacı Baba, Istiklâl Caddesi 49, Tel. 2454377. Im Sommer ist der Innenhof des Restaurants geöffnet.

👁 Die historische Straßenbahn fährt wieder auf der Istiklâl Caddesi.

Der Taksim-Platz (Taksim Meydani) wurde während des 19. Jhs. an der Stelle eines alten Friedhofs angelegt. Zu dieser Zeit begrenzte der Platz das nördliche Ende der Neustadt Istanbuls. Durch das ständige Wachsen der Stadt bildet der Taksim Meydani heute ihr absolutes Zentrum und ist Brennpunkt des modernen Istanbul geworden. Die Bezeichnung „Taksim" (Verteiler) weist darauf hin, daß hier, am höchsten Punkt des Viertels Beyoglu, im Jahre 1732 ein Wasserreservoir errichtet wurde. Das Reservoir wird weiterhin genutzt, um das aus dem Belgrad-Wald zugeführte Wasser zu speichern. In der Mitte des Platzes steht das **Denkmal der Republik.** Es handelt sich um ein Werk des italienischen Bildhauers Canonica aus dem Jahr 1928. Das Denkmal soll an den Befreiungskrieg von 1918–1922 erinnern, in dem die Türken mit Erfolg gegen die griechischen und andere europäische Besatzungstruppen kämpften. Rund um den Platz stehen die großen internationalen Hotels und das 1976 gebaute Kultur-

Das Denkmal der Republik auf dem Taksim-Platz

34

zentrum (Atatürk Kültür Merkezi) für Opern-, Ballett- und Konzertaufführungen. Die Vielzahl der vorhandenen Bushaltestellen macht den Platz aus jeder Richtung erreichbar.

ISTIKLAL CADDESI 2

Die Istiklâl Caddesi (Straße der Freiheit) ist heute die Hauptgeschäftsstraße von Istanbul. Bekannt wurde sie als europäische Musterstraße auch unter dem Namen „Grand Rue de Pera" (der Name wies auf die Lage jenseits des Goldenen Horns hin). Im 19. Jh. verlief an ihrer Stelle noch ein von ausgedehnten Gärten umgebener Höhenweg, an dem die Botschafterpalais der europäischen Staaten lagen. Einige dieser Palais sind noch vorhanden; die meisten sind jetzt Konsulate, so z. B. das russische Konsulat, das in einem von dem Tessiner Architekten Fossati geplanten Bau untergebracht ist. Tessiner haben übrigens auch bei der großen Renovierung der Hagia Sophia mitgewirkt. Sehenswert ist desweiteren der **Palazzo di Venezia** der venezianischen Vertretung mit seinem sehr schönen Garten. Wesentliches Merkmal der Straße, die vom Taksim Meydani bis zum Tünel Meydani führt, ist heute ihre Belebtheit. Kaufhäuser, traditionsorientierte Geschäfte, Kinos, Restaurants und kleine Cafés schaffen Atmosphäre. Zur Farbigkeit der Istiklâl Caddesi trägt die historische Straßenbahn, die früher ganz Istanbul durchquerte, ihren Teil mit bei. Sie wurde in der Zeit ihrer Gründung von Pferden gezogen.

Zum modernen Istanbuler Nachtleben gehört ein Besuch der Jazz-Kneipe Hayal in der Çukurlu Çeşme Sokak.

Café de Pera, am Ende der Parmak Sokak, einer Seitenstraße der Istiklâl Caddesi.

ÇIÇEK PASSAGE 3

An der Stelle, an der die Istiklâl Caddesi einen kleinen Knick macht, direkt neben der Post, tritt man ein ins Reich der Çiçek Passage (Çiçek Pasaji). Es handelt sich hier nicht um eine Pas-

Die liebevoll aufgestapelten Obst- und Gemüsesorten der vielen Händler und die Fischstände sind ein schönes Fotomotiv.

Çiçek Passage, Schnellrestaurant Borsa, Telefon 5224173. Hier gibt es gutes türkisches Fast Food. Sehr zu empfehlen ist Pide, eine dünne Pizza.

sage, wie man sie als Europäer erwarten würde. Vielmehr durchquert man innerhalb der Çiçek Passage eine Art malerischen Innenhof, der bekannt für seinen Fleisch-, Fisch- und Gemüsemarkt ist. Hervorstechendstes Merkmal der Çiçek Passage ist allerdings die enorme Blumenpracht, die bereits am Eingang zu bewundern ist. Ihr hat die Passage auch ihre Bezeichnung zu verdanken (Çiçek Pasaji = Blumenpassage). Den Besucher erwarten eine Farbenvielfalt und ein Meer von angenehmen Düften aus den verschiedenartigsten Pflanzen und Blumen aus der Region und von weit her. Für leibliche Genüsse ist hier ebenfalls bestens gesorgt. In der Passage gibt es eine so große Zahl von Kneipen und Lokalen, wie sie auch für eine Großstadt selten ist. Im Freien oder in den Lokalen kann man besonders die bekannten „raki meze" zu sich nehmen und genießen: Dies sind frische, verschieden gemischte Vorspeisen, zu denen mit Wasser verdünnter Raki (Anisschnaps) getrunken wird.

GALATASARAY–SCHULE   4

„Mısırlı" an der Kreuzung Istiklâl und Yeni Çarşi Caddesi, der Galatasaray-Schule schräg gegenüber gelegen. Ein empfehlenswertes, auf Wolle und Seide spezialisiertes Geschäft.

Die Galatasaray-Schule liegt an dem nach ihr benannten Galatasaray-Platz, durch den die Istiklal Caddesi verläuft. Das Gebäude, ursprünglich ein Palast (Galata Saray), entstammt dem Jahr 1526.
Errichtet wurde der Palast im Auftrag des Großwesirs Ibrahim Paşa, der Sultan Süleyman dem Prächtigen (1520–1566) diente.
Berühmtheit erlangte der Galata Saray, nachdem in ihm 1873 eine Schule gegründet wurde. Die Galatasaray-Schule war als türkisch-französisches Elitegymnasium gedacht, in dem die Kinder aus den Haushalten der in der Nähe liegenden Botschaften ihre Ausbildung erhalten sollten. Das Gebäude dient bis heute als türkisch-französische Schule; viele prominente Persönlichkeiten der türkischen Geschichte wurden hier erzogen und ausgebildet.

HAMAM (TÜRKISCHES BAD) 5 👑

Das Galatasaray Hamam ist eines der schönsten Beispiele für die türkische Badekultur, die in Istanbul bis weit in die Vergangenheit hinein reicht. In byzantinischen Quellen und Chroniken werden ca. 50 Bäder erwähnt. Von diesen Bädern sind immerhin noch 35 namentlich bekannt. In der Regel besitzt das türkische Hamam drei Haupträume. Der große **Vorraum** (Camekan) dient zum Aus- und Ankleiden und als Aufenthaltsraum. Der **Kaltraum** (Sogukluk) ist als Übergangsraum gedacht. Der eigentliche Hauptraum ist der **Schwitz- und Baderaum** (Harara). Streng nach Geschlechtern getrennt, was in der byzantinischen Zeit noch nicht üblich war, kann man im Hamam Stunden der Ruhe und Pflege verbringen. Beim Eintritt in das Hamam erhält der Besucher Seife und Kese (ein rauher Waschlappen). Der Kese dient nicht so sehr zum eigentlichen Waschen, sondern mehr zum Abreiben nach dem Schwitzen. Für viele ist das Schwitzen im Hamam angenehmer und gesünder als das Schwitzen in der Sauna, da die Luft im Hamam ständig feucht gehalten wird und die Liegesteine immer warm, aber nicht heiß sind. Man ist von Wasser umgeben, mit dem man sich begießen und in das man eintauchen kann. Nach dem Waschen und der anschließenden Massage wird der Gast in Tücher gewickelt und kann sich bei türkischem Tee entspannen. Das Galatasaray Hamam ist auch auf badeunerfahrene Gäste eingestellt, daher kann jeder diese angenehme Erholung genießen.

👑 Galatasary Hamam, Turnacıbaşı Sokak, Tel. für Frauen, 249 43 42, Tel. für Männer, 244 14 12, 6.30–22.00 Uhr, Capanoglu Sokak, 8.00–19.00. Dieses aus dem 15. Jahrhundert stammende Hamam wird im Gegensatz zu dem zweiten sehr bekannten Cagaloglu-Hamam vorwiegend von Einheimischen besucht.

TÜNEL 6

Die Tunnelbahn (Tünel) gilt als älteste Untergrundbahn Europas. Die Standseilbahn wurde im Jahre 1873 von französischen Ingenieuren gebaut und 1874 in Betrieb genommen. Die Fahrstrecke

Restaurant Çati (Dachrestaurant), Piremeci Sokak, Baro Han 7. Stock, Tel. 245 16 56.
Von hier hat man einen weiten Blick über das Häusermeer von Beyoglu.

ist zwar nur etwa 600 Meter lang, aber die Bahn überwindet auf dieser Strecke einen Höhenunterschied von knapp 200 Metern und benötigt dafür lediglich die Zeit von knapp zwei Minuten. Das ist auch der Grund, warum sie gerne und häufig benutzt wird. Man erspart sich den Auf- und Abstieg über die steile Yüksek Kaldirim Caddesi, die das Viertel Beyoglu mit dem Hafen bei Galata verbindet.

DERWISCHMUSEUM 7

Derwischmuseum, Galip Dede Caddesi 15, tgl. 9.30–17.00. Hier finden jährl. Anfang Dezember Derwischtanzvorführungen statt.

Das Derwischmuseum (Divan Edibiyat Müzesi) ist in dem 1492 gegründeten Kloster (tekke) der Mevlevi-Derwische untergebracht. Der Name des Museums „Divan Edibiyat" weist schon darauf hin, was hier zu sehen ist. Er ist die übliche Bezeichnung für die Hoch- und Hofdichtung der Osmanen. So findet man im Derwischmuseum seltene und wertvolle Bücher und einzelne Schriften, die Zeugnisse der osmansichen Kultur darstellen. Bekannt geworden sind die Mevlevi-Derwische unter der Bezeichnung „tanzende Derwische". Sie waren bis zur Ordensauflösung im Jahre 1928 eine treibende politische Kraft. Der Bau mit der **Tanzfläche** in der Mitte des Zentralraums stammt aus dem Jahr 1796 und ist damit erst später als der Rest des Klosters angelegt worden. Auch heute noch wird hier getanzt. Jedes Jahr zum Winterbeginn, Anfang Dezember, finden Derwischtanzvorführungen statt, die in der Zwischenzeit zu einer großen Attraktion für ausländische Gäste geworden sind.

GALATATURM 8

Die Ursprünge des Galataturms (Galata Kulesi) sind in der byzantinischen Zeit um das Jahr 500 zu suchen. Der im Mittelalter „Christus-Turm" ge-

Galataturm mit Umgebung

nannte Bau wurde unter Kaiser Anastasios I. (491–518) erstmalig errichtet. 1446 erhöht und verstärkt erwartete den Turm in den folgenden Jahren der türkischen Herrschaft ab 1453 ein wechselvolles Dasein. Als Teil der Stadtmauer wurden seine beiden oberen Stockwerke abgebrochen, um danach als Ausguck für die städtische Feuerwache in Holz wieder eingefügt zu werden. In der Folge brannte der inzwischen auch als Gefängnis dienende Turm in den Jahren 1791 und 1824 teilweise ab. Der heute zu besichtigende Oberbau stammt aus dem Jahr 1875. Ein Fahrstuhl und eine Treppe mit etwa 150 Stufen führen auf die in 68 Metern Höhe liegende obere **Galerie** des Turmes. Von hier aus kann man einen einzigartigen Ausblick über die gesamte Stadt genießen.

Im Turm befindet sich ein Nachtclub, in dem auch Bauchtanz gezeigt wird.

Vom oberen Stockwerk aus lassen sich sehr gut Panoramaaufnahmen machen.

KARAKÖY 9

Der Karaköy-Platz (Karaköy Meydani) ist einer der Verkehrsknotenpunkte Istanbuls und dementsprechend stark belebt. Hier beginnen der **Galatakai**,

Die Fischerboote, von denen der letzte Fang direkt verkauft wird, sind ein beliebtes Motiv.

die **Galatabrücke** und mehrere in nördliche Richtung führende Straßenzüge. Vom Galataturm aus ist der Platz bequem über den Yüksek Kaldirim (Hoher Pflasterweg) und seine 113 Stufen zu erreichen. Anlegende Fischer verkaufen hier direkt von ihren Booten aus den frisch aus dem Meer geholten Fang.

👁 KABATAŞ 10

Die verschiedensten Motive laden während einer Promenade am Bosporus zum Fotografieren ein. Im Telebereich können Sie sogar Üsküdar auf der asiatischen Seite fotografieren.

Das Kabataş-Viertel schließt sich direkt dem Park an der Meclisi Mebusah Caddesi an. Der Schiffsanlegesteg Kabataş ragt hier ein Stück weit ins Wasser des Bosporus hinein und dient dadurch auch als idealer Aussichtspunkt. Man sollte dort einen Augenblick ausruhen und den regen Schiffsverkehr auf dem Bosporus beobachten. Vom kleinen Fischerboot bis zu den großen Kreuzfahrtschiffen fährt fast alles vorbei, was sich auf dem Wasser bewegen kann. Auf diese Weise entsteht immer wieder ein interessantes Fotomotiv. Die anlegenden Schnellboote (Deniz Otobüsü) bieten die Möglichkeit, in kürzester Zeit die Prinzeninseln oder Bostancı auf der asiatischen Seite besuchen zu können.

🏛 DOLMABAHÇE MOSCHEE 11

 Fangen Sie die schlanksten Minarette von Istanbul fotografisch ein. Künstlerische Effekte erzielt man im Weitwinkelbereich mit stark nach oben gerichteter Kamera.

Die eindrucksvolle Dolmabahçe Moschee, auch Bezmialem Sultan Camii genannt, wurde 1853 von der Mutter des Sultans Abdülmecit I. (1839–1861) gestiftet. Erbaut wurde die Moschee von einem Mitglied der berühmten armenischen Architektenfamilie Balyan, nämlich von Karabet Balyan, der auch am Dolmabahçe Palast beteiligt war. Die Moschee ist ein typisches Werk des 19. Jhs. Die Formen des Bauwerks erzeugen zusammen mit den beiden sehr schlanken Minaretten eine besonders malerische Wirkung. Deutlich wird dem

Betrachter der Gegensatz zwischen moderner europäischer und traditioneller orientalischer Architektur vorgeführt. Ungewöhnlich ist auch das **Innere** des Bauwerks. Der quadratische überkuppelte Saalbau erinnert durch seine Wandpfeiler und die farbige Marmorierung mehr an einen Festsaal des süddeutschen Barock als an eine Moschee. Direkt hinter der Moschee beginnt die über 600 Meter lange Parkanlage Dolmabahçe, deren Name „angefüllter Garten" auf das neugewonnene Land verweist, das durch Aufschüttungen dem Bosporus abgenommen wurde.

DOLMABAHÇE PALAST 12

Der Dolmabahçe Palast (Dolmabahçe Sarayi) wurde im Jahre 1853 auf Anweisung des Sultans Abdülmecit I. (1839–1861) errichtet. Seine Baumeister waren die beiden berühmten armenischen Architekten Nikogos und Karabet Balyan. Der Sultan verließ 1855 den Topkapı Sarayi, um in seinen neuen prächtigen Palast umzuziehen.

ℹ Dolmabahçe Palast, von 9.00–17.00 Uhr geöffnet, außer Mo. und Do.

Der Dolmabahçe Palast am Bosporusufer

Von der Marmorterrasse zur Wasserseite hin können Sie eine sehr schöne Aufnahme machen, indem Sie den Bosporus mit den vielen Schiffen durch das große Eisentor fotografieren.

Beim Dolmabahçe Palast handelt es sich um den von seiner Bauweise und Ausgestaltung her ersten europäischen Palast des türkischen Reiches. Statt der bisher üblichen Pavillons, die in eine Gartenlandschaft integriert waren, errichtete man jetzt ein einziges großes Gebäude. Der aus weißem Marmor erbaute Palast wurde für große Staatszeremonien und Empfänge genutzt. Er hat diese Funktion auch nach der Gründung der türkischen Republik bis heute behalten.

Am 10. November 1939 starb hier Mustafa Kemal Atatürk (1881–1939), der 1923 der erste türkische Staatspräsident wurde und als Gründer der modernen Türkei gilt.

Die einander in einer Reihe folgenden **Innenräume** des Palastes sind prunkvoll, üppig und den Staatsempfängen angemessen repräsentativ ausgestattet. Der ursprünglich für den Thronfolger vorgesehene Trakt des Bauwerks wird heute vom Museum für schöne Künste eingenommen.

MUSEUM FÜR MALEREI UND SKULPTUR 13

Museum für Malerei und Skulptur, von 12.00–16.00 Uhr geöffnet, außer Mo. und Di.

Das Museum für Malerei und Skulptur (Resim ve Heykel Müzesi) ist in den östlichen Nebengebäuden des Dolmabahçe Palastes untergebracht.

Ausgestellt sind vor allem Werke türkischer Künstler des 19. und 20. Jhs. Aber auch bekannte Werke europäischer Maler, wie Matisse oder Picasso, sind hier vertreten. Gerade die Arbeiten dieser Künstler wirken in der fremden orientalischen Atmosphäre besonders reizvoll und neu.

Die umgebenden ehemaligen Pavillons der Sultane, der Malta Köskü und der Cadir Köskü, sind umgestaltet worden. Sie sind heute Kaffeehäuser mit großzügigen Gartenterrassen. Von den Terrassen aus öffnet sich der Blick über die Weite des Bosporus hinweg zu einem großartigen Panorama.

Ysar der Schuhputzer

YILDIZ PARK 14

Auf der europäischen Seite des Bosporus, oberhalb des Ciragan Palastes, liegt der Yildiz Park. Ähnlich wie die Prinzeninseln vor der Stadt bildet der Park eine Oase der Ruhe und Erholung für die Istanbuler. Die heutige Parklandschaft mit ihren umfangreichen Grünflächen war früher ein ausgedehnter Waldbezirk. Während der sogenannten „Tulpenzeit" des 18. Jhs. diente sie dem Hof als bevorzugtes Ausflugsziel. Mit der Regierung Sultan Abdülaziz (1861–1876) und dem Bau des Yildiz Palastes wurde der Park zum Palastgarten umgestaltet. Nachdem 1910 der Ciragan Palast abgebrannt war, begann der Park, der die Außenbegrenzung des Areals bildet, langsam zu verwildern. Erst 1979 wurde mit der „Restaurierung" des Geländes begonnen. Blumenbeete und blühende Sträucher, Spazierwege mit zur Ruhepause einladenden Parkbänken, Terrassen sowie Freiluftcafés machen den Park attraktiv. Auch die beiden Pavillons Malta Köskü und Cadir Köskü sind restauriert und zu Cafés umgewandelt worden. Auf der Terrasse sitzend

Nutzen Sie die Terrasse für unvergleichliche Panoramaaufnahmen, die durch Einsatz des Weitwinkels noch interessanter werden.

kann man hier den wunderbaren Blick auf den Bosporus genießen. Sehenswert ist auch der Palast, dem der Park seinen Namen verdankt. Der **Yildiz Sarayi** (Sternen-Palast), so genannt nach seiner sternförmigen Konstruktion, wurde 1875 unter Sultan Abdülhamit II. erbaut. Der Palast war von 1876 an die offizielle Residenz der Sultane. Heute ist er Museum und beherbergt eine Porzellanmanufaktur.

 ## ŞALE KÖSK 15

ℹ️ Şale Kösk, tgl. von 9.00–18.00 Uhr geöffnet, Eingang vom Yildizpark aus.

Auf dem Hügel in der Parklandschaft des Yildiz Parks verteilt liegen mehrere Pavillons, die als Bestandteile des Yildiz Palast gelten. Als erster Sultan hat hier Selim III. (1789–1807) einen Pavillon (Kösk) bauen lassen. Die übrigen bestehenden Bauten stammen aus dem 19. Jahrhundert und wurden während der Regierungszeit der Sultane Mahmud II. (1808–1839) und Abdülhamit II. (1876–1909) errichtet. Die beiden bedeutendsten Pavillons sind der Sale Kösk und der Yildiz Kösk. 1875 errichtet, durchlief der Sale Kösk eine interessante Geschichte. Der damals bereits in seiner Machtposition angeschlagene Sultan Abdülhamit suchte für seine Politik im Ausland Unterstützung und konzentrierte sich dabei auf Deutschland und seinen Kaiser Wilhelm II., der bei seinem demonstrativen Staatsbesuch im Jahre 1898 in eben jenem Sale Kösk wohnte. Der Pavillon wurde zu diesem Zweck prachtvoll ausgestattet. Aus Dankbarkeit für die erwiesene Gastfreundschaft versprach der deutsche Kaiser die Errichtung eines prächtigen Brunnens, der dann als Kaiser-Wilhelm-Brunnen auf dem Gelände des Hippodroms gebaut wurde. Der Sale Kösk diente in der folgenden Zeit bis 1935 als Spielkasino. Nach dem Krieg wurde er Tagungsort internationaler Kongresse. Bekannt ist der Sale Kösk vor allem für ein besonderes Merkmal seiner Ausstattung: Im **Hauptsalon** ist der sieben Tonnen schwere und

24 x 13 Meter messende dunkelgelbe Hereke-Teppich ausgelegt, der ein sichtbares Symbol der Prachtentfaltung vergangener Zeiten darstellt.

CIRAGAN PALAST 16

Der Ciragan Palast (Ciragan Sarayi) bildet die Außenbegrenzung des Yildiz Parks. Baumeister des Palastes waren die beiden armenischen Architekten Nikogos und Sarkis Balyan. Die Fertigstellung des von **Sultan Abdülaziz** in Auftrag gegebenen Bauwerks erfolgte im Jahre 1874. Bereits 1910, also schon 36 Jahre später, brannte der Ciragan Sarayi vollständig aus. Von dem Bauwerk blieben nur die eindrucksvollen Außenmauern übrig.

Der Palast „erlebte" nur eine verhältnismäßig kurze dafür aber sehr ereignisreiche Zeit: Der Auftraggeber des Palastes, **Sultan Abdülaziz,** konnte sich an dem Bau, der den alten Beschreibungen nach unerhört prachtvoll ausgestattet gewesen sein soll, nur noch zwei Jahre erfreuen. Der Sultan starb 1876 im Palast. Die Umstände seines Todes weisen darauf hin, daß er ermordet wurde.

Aber auch sein Nachfolger, **Sultan Murat V.,** sollte mit dem Palast kein Glück haben. Kurz nachdem er die Macht ergriffen hatte, wurde er durch seinen Bruder, den nun folgenden **Sultan Abdülhamit II.,** im Jahre 1876 wieder abgesetzt. Der eigentlich als Regierungssitz gedachte Palast wurde für Murat V. jetzt zum Gefängnis. Sultan Abdülhamit II. hielt seinen Bruder hier bis ins Jahr 1904, insgesamt 27 Jahre lang, gefangen. Nach der türkischen Revolution im Jahre 1908 diente der Palast schließlich noch zwei Jahre als Sitz des türkischen Parlaments, bis er 1910 vollständig ausbrannte.

Mittlerweile wurde die Ruine vollständig renoviert, die schöne Lage genutzt und die noch erhaltenen Außenmauern als Grundstock für ein Luxushotel verwendet.

Der Ciragan Palast am Yildiz Park

 FUSSBALLSTADION 17

Im Inönü-
stadion
ist die Fußball-
mannschaft
Galatasaray
zuhause.
Eintrittskarten am
Stadion.

Istanbul ist als bevölkerungsreichste Stadt der Türkei auch die Sporthochburg des Landes. Gerade der türkische Fußball ist in Europa zu Bekanntheit gelangt, was vielleicht auch an der Teilnahme von deutschen Trainern und Spielern am türkischen Fußballgeschehen liegt.

Die bekannte **Fußballmannschaft Galatasaray** hat ihre Heimat hier im Inönüstadion, dem größten Fußballstadion in Istanbul. Es faßt bis zu 40 000 Zuschauer. Der Komfort der Sitzreihen entspricht zwar nicht europäischen Standards, doch kommt es hierauf auch nicht an. Ein weiteres großes Stadion gibt es in **Fenerbahçe** auf der arabischen Seite. Das eigentliche Schauspiel bieten die Zuschauer während der Spiele: Die von den Anhängern der spielenden Vereine vorgetragenen regelrechten „Schlachtgesänge" sind für einen Besucher eine Überraschung. Anders als bei anderen Fußballspielen gibt es hier im Inönüstadion einen sogenannten „Aufpeitscher". Er dirigiert diese Schlachtengesänge wie eine Oper.

OPER 18

Die Istanbuler Oper liegt am Taksimplatz und ist Teil des **Atatürk-Kulturzentrums** (Atatürk Kültür Merkezi). Die Oper muß sich das Gebäude mit anderen Veranstaltungen teilen. Hier finden Vortragsveranstaltungen, Kammerkonzerte, Gesangsdarbietungen und vieles mehr statt. Dementsprechend ist das Gebäude auch als Mehrzweckbau gestaltet worden.

Die erste Opernaufführung fand in der Türkei unter der Regierung Atatürks im Jahr 1934 statt. Heute haben die Opern- und Konzertaufführungen einen absolut westlichen Zuschnitt. Die Qualität der verschiedenen Darbietungen muß keinen Vergleich mit der anderer Opernhäuser scheuen.

> ℹ️ Die Karten sind preiswert. Vorverkauf Mo.–Fr. 10.00–13.00 und 13.30–18.00 Uhr, Sa. 10.00–13.00 Uhr.

TAKSIM PARK 19

Der Taksim Park bildet eine grüne Oase in der Stadt. Von der Terrasse im hinteren Teil des Parks hat man einen wunderbaren Blick auf die erste Bosporusbrücke.

Ein wenig weiter außerhalb des Parks befindet sich das **Militärmuseum** (Askeri Müze). Hier werden Waffen und Ausrüstungsgegenstände aus dem 12. bis 20. Jh. ausgestellt. Die alttürkischen Krummsäbel und Dolche, die Musketen und Pistolen, die Helme und Kettenpanzer verschaffen dem Betrachter einen Eindruck von der damaligen Art der Kriegsführung. Aus Wachs nachgebildete lebensgroße Figuren von Janitscharen weisen auf die Elitetruppe der vorigen Jahrhunderte hin.

Die in Originaluniformen gekleidete Mehter-Kapelle, die Vorläuferin aller Militärorchester, spielt hier fast täglich osmanische Militärmusik, die mit ihren außergewöhnlichen Klängen gerade für europäische Ohren sehr interessant ist.

> ℹ️ Militärmuseum, Cumhuriyet Caddesi, Tel. 248 71 15, tgl. außer Mo. und Di.

> 📷 Im hinteren Teil des Parks haben Sie die Gelegenheit, von der Terrasse aus den Blick auf die erste Bosporusbrücke fotografisch festzuhalten.

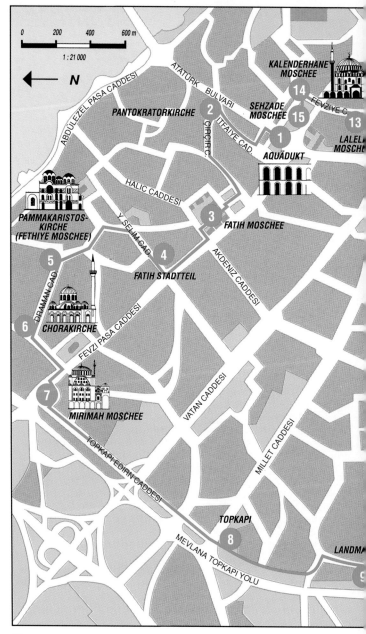

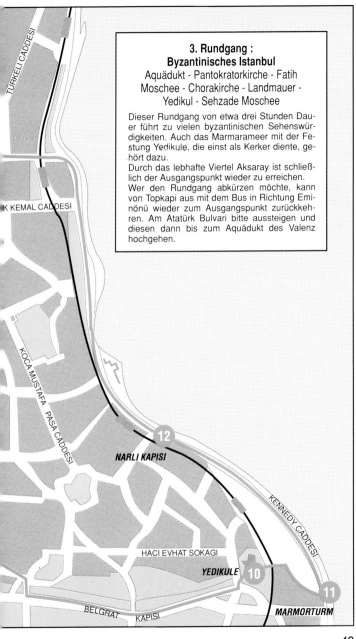

3. Rundgang :
Byzantinisches Istanbul
Aquädukt - Pantokratorkirche - Fatih
Moschee - Chorakirche - Landmauer -
Yedikul - Sehzade Moschee

Dieser Rundgang von etwa drei Stunden Dauer führt zu vielen byzantinischen Sehenswürdigkeiten. Auch das Marmarameer mit der Festung Yedikule, die einst als Kerker diente, gehört dazu.
Durch das lebhafte Viertel Aksaray ist schließlich der Ausgangspunkt wieder zu erreichen.
Wer den Rundgang abkürzen möchte, kann von Topkapi aus mit dem Bus in Richtung Eminönü wieder zum Ausgangspunkt zurückkehren. Am Atatürk Bulvari bitte aussteigen und diesen dann bis zum Aquädukt des Valenz hochgehen.

TÜRKELI CADDESI

K KEMAL CADDESI

KOCA MUSTAFA PAŞA CADDESI

NARLI KAPISI

KENNEDY CADDESI

HACI EVHAT SOKAGI

YEDIKULE 10

11

MARMORTURM

BELGRAT KAPISI

🏛 AQUÄDUKT 1

Der Ausgangspunkt ist mit allen Bussen zu erreichen, die in Richtung Fatih fahren. Man steigt am Atatürk Bulvarı aus. Zu Fuß erreicht man das Aquädukt vom Basarviertel aus, indem man die Ordu Caddesi bis zum Atatürk Bulvarı geht, wo man nach links abbiegt.

📷 Fotografieren Sie den Aquädukt von der davor befindlichen Straßeninsel aus.

Der Valens-Aquädukt (türk.: Bozdogan Kemeri = Bogen des grauen Falken) stellt ein eindrucksvolles Zeugnis aus Konstantinopels Frühzeit dar. Begonnen wurde der Bau bereits unter Kaiser Konstantin I., vollendet wurde er schließlich unter Kaiser Valens im Jahr 378. Der Aquädukt verband zwei Hügel der Stadt und war ursprünglich 1000 Meter lang. Davon sind heute noch 800 Meter erhalten. Das Bauwerk wurde im Laufe der Zeit immer wieder durch Erdbeben beschädigt und danach neu errichtet oder repariert. Die letzte Erneuerung geht auf den Baumeister Sinan in der Zeit von Süleyman dem Prächtigen zurück. Die fehlenden 200 Meter fanden anderweitig Verwendung in der Stadt. Im Jahr 1509 wurden 130 Meter des Aquädukts für den Bau der Prinzenmoschee abgetragen, der Rest 1912 im Zuge der Stadtplanung. Der Aquädukt endete ursprünglich am heutigen Beyazitplatz. Von hier aus wurde das Wasser zu den Kaiserpalästen und zum Topkapi Palast weiterverteilt.

Der Aquädukt des Valens

PANTOKRATORKIRCHE 2

Die Pantokratorkirche ist eine der bedeutendsten byzantinischen Bauten der Stadt Istanbul. Sie besteht aus zwei Einzelkirchen, die durch eine Grabkapelle miteinander verbunden sind. Die Südkirche entstand in den Jahren 1118-1124. Die Nordkirche und die Grabkapelle wurden 1143 vollendet. Der Kirchenkomplex geht auf eine Stiftung Kaiser Johannes II. Komnenos (1118–1143) zurück. Direkt der Kirche angeschlossen waren mehrere karitative Einrichtungen, wie Hospiz, Greisenasyl und Ärzteschule. Die Pantokratorkirche wurde damit Vorbild für die ersten osmanischen Stiftungskomplexe (Külliyen) in Bursa und Edirne. Im Jahr 1453, nach der Eroberung Konstantinopels durch Sultan Mehmet II. Fatih, wurde die Kirche von Molla Zeyrek Mehmet Efendi in eine Moschee umgewandelt, der man den Namen Zeyrek Kilise Camii gab. In neuerer Zeit (1954) wurde vor allem die Südkirche genauer erforscht und dabei der originale **Marmorfußboden** freigelegt. An den Rändern der ansonsten geometrische Muster aufweisenden Bodenfliesen sind Darstellungen der Tierkreiszeichen und Heldenszenen aus der Sagenwelt der Antike zu sehen.

Der Platz vor der Moschee ist auf drei Seiten von reizvollen alten Holzhäusern umgeben, die zusammen mit der Moschee ein wunderschönes Ensemble bilden. Fotografieren Sie die Moschee nicht von der Stirnseite aus, damit Sie Holzhäuser und Moschee gemeinsam auf das Foto bekommen.

MEHMET FATIH MOSCHEE 3

Moschee und Stiftungskomplex Mehmet des Eroberers liegen auf dem höchsten Punkt des vierten Stadthügels. Bis zur Eroberung Konstantinopels 1453 stand hier die Apostelkirche, die aus der justinianischen Zeit um 534 stammte. Sie war mit ihren fünf kreuzförmig angeordneten Kuppeln Vorbild beim Bau von San Marco in Venedig. Teile ihrer kostbaren Säulen wurden beim Bau der Mehmet Fatih Moschee (1463–1470) wiederverwendet. Im Jahr 1766 wurde die Moschee durch ein Erdbeben nahezu vollständig zerstört und

In Nachbarschaft vieler Holzhäuser wirken diese gewaltige Moschee und die dazugehörigen Bauten besonders eindrucksvoll. Die Benutzung eines Weitwinkels gewährleistet einen geschlossenen Eindruck von der Moschee in ihrer Umgebung.

kurz darauf von Sultan Mustafa III. wieder neu errichtet. Vom Aussehen der vorigen Moschee blieb nichts übrig. Nur der Stiftungskomplex mit Küchen, Koranschule, Bädern, Hospiz, Karawanserei und Bibliothek wurde äußerlich unverändert erneuert. Der **Vorhof** der Moschee wird von 18 antiken Säulen eingerahmt und weist insgesamt 22 Kuppeln auf. Das **Innere** wird beherrscht von einer Hauptkuppel mit vier Halbkuppeln und weiteren vier kleineren Eckkuppeln. Im **Garten** der Moschee läßt sich die Türbe (das Mausoleum) Mehmets II. und seiner Frau Gülbahar besichtigen. Auf dem Sarkophag des Sultans zeigt ein großer Turban in Richtung Mekka.

👁 FATIH–STADTTEIL 4

Belebte Szenen, verschleierte Frauen beim Einkauf oder im Gespräch und viele andere, einzigartige Motive lassen sich hier in einer besonderen Atmosphäre fotografieren.

Istanbuls Stadtteil „Fatih" ist stark religiös geprägt. Eine ganze Kette von Moscheen und Kirchen aus der byzantinischen Zeit zieht sich durch dieses Viertel, das immer malerischer wird, je weiter man in ihm vordringt. Abstecher in die kleinen Seitenstraßen können diesen Eindruck nur noch vertiefen. Auch die Menschen fügen sich dem religiösen Anspruch des Viertels. Die meisten Frauen tragen hier Kopftücher oder sind sogar verschleiert.

🏛 PAMMAKARISTOSKIRCHE 5

ℹ Pammakaristoskirche, nur Sa. und So. von 9.30–17.00 Uhr geöffnet.

Die Pammakaristoskirche (Allerseligste Gottesmutter) heißt heute **Fethiye Camii,** Moschee der Eroberung. Sie wurde noch vor 1067 durch Ioannes Komnenos aus dem späteren Kaisergeschlecht der Komnenen (1081–1185) gegründet. 1587 erfolgte unter Sultan Murat III. (1574–1595) die Umwandlung der Kirche in eine Moschee. Mit dem Namen der Moschee „Fethiye" ist daher auch nicht die Eroberung Konstantinopels gemeint. Es sollte mit dieser Bezeichnung an die Eroberung der Gebiete Aserbeidschans und Georgiens erinnert werden.

In der **Kuppel** wurden Mosaiken aus dem 14. Jh. freigelegt, die zu den kostbarsten Zeugnissen byzantinischer Kunst gehören. Sie zeigen den von Propheten umgebenen Pantokrator (Erlöser) Christus, dem sich Johannes der Täufer und Maria zuwenden. Im Kreuzgewölbe darüber sind die vier Erzengel zu erkennen. Die eigentliche Moschee wird heute noch für den moslemischen Gottesdienst genutzt. Die Grabkapelle dient wegen der Mosaiken als Museum.

CHORAKIRCHE 6

Die Chorakirche **(Kariye Camii)** wurde in den Jahren 1077–1084 von Maria Doukaina, der Schwiegermutter des Kaisers Alexios I. Komnenos errichtet. Die heute sichtbare Form erhielt die Kirche zwischen 1315 und 1321 unter Kaiser Andronikos II. Der Bau und die großartigen Mosaiken und

ℹ Chorakirche, tgl. außer Di. von 9.30–16.30 Uhr geöffnet .

Deckenfresko in der Chorakirche

Kariye, Café der Kirche, gegenüber, Tel. 5210095. Es wird vom Türkischen Touring-Club betrieben. Die Preise sind moderat.

Der Platz vor der Kirche ist umgeben von restaurierten Holzhäusern, die hier in geschlossener Reihe auf einem Foto sehr gut zur Geltung kommen.

Fresken im **Innern** wurden vom damaligen Kanzler Theodoros Metochides gestiftet. Atik Ali Paşa, der Großwesir Sultan Beyazit des II., wandelte die Kirche schließlich Anfang des 16. Jhs. in eine Moschee um. Die Wandmalereien im Inneren wurden dabei übertüncht, doch zwischen 1947 und 1959 wurden zumindest die Mosaiken und Fresken der Kirche freigelegt. Ähnlich wie die Mosaiken der Pammakaristoskirche zählen diejenigen der Chorakirche, aus annähernd der gleichen Zeit stammend, zu den eindrucksvollsten Zeugnissen byzantinischer Kunstfertigkeit. Die am besten erhaltenen Mosaiken können im Narthex (geschlossener Vorraum) bewundert werden. Zu sehen sind hier Szenen aus dem Leben der Maria, ein Bildnis des Kirchenerneuerers Theodoros Metochides und in der Kuppel eine Darstellung von Christus als Weltenherrscher mit seinen 39 Vorfahren. Als **Totenkapelle** diente ursprünglich das Parekklesion, das fünf Meter breite und 16 Meter lange Nebenschiff der Kirche. Die hier zu besichtigenden Fresken wurden im 14. Jh. geschaffen. Dargestellt sind vor allem Szenen aus dem Neuen Testament. Seit der Freilegung der Mosaiken und Fresken wird die Chorakirche nur noch als Museum genutzt.

MIHRIMAH MOSCHEE 7

Die insgesamt 26 Fenster in den Schildwänden der Kuppelbögen verursachen besonders schöne Lichteffekte im Innenraum der Moschee. Lange Belichtungszeiten sind erforderlich.

An der Stelle einer byzantinischen Georgskirche schuf in den Jahren 1565–1570 Baumeister Sinan die Mihrima Moschee (Mihrima Camii). Namensgeberin der Moschee war die Tochter Sultan Süleymans d. II. und seiner Lieblingsfrau Roxelane. Auch diese Moschee blieb von Erdbebenkatastrophen nicht verschont. Der Säulenhof mußte im 18. Jh. wiederaufgebaut werden. 1910 wurde das Bethaus restauriert. Der Stiftungskomplex der Moschee umfaßte eine Medrese (Koranschule), eine Grundschule, eine Türbe (Mausoleum), Bäder und eine Reihe von Läden in Gewölben. Die Mihrimah Camii hat schon von außen eine überragende Wirkung auf den Betrachter. Mit ihrer Kuppelhöhe von 37 Metern erreicht sie Dimensionen, die der Scheitelhöhe hochgotischer Kathedralen entsprechen. Von innen wirkt der ganz in zarten Farben ausgemalte **Hauptraum** ungewöhnlich hoch und weit. Diese Wirkung wird durch eine bis zum Bau dieser Moschee nicht gekannte Durchfensterung der Wände gesteigert, die als „Triumph des Lichts" bezeichnet wird. Insgesamt durchstrahlt das Licht aus 240 Fenstern die Moschee.

TOPKAPI 8 👁

Das Topkapı-Viertel ist schon wegen seines bunten orientalischen **Marktgeschehens** sehenswert. Verschiedene Händler haben ihre Verkaufsstände auf der breiten **Landmauer** aufgebaut. Das eigentliche Topkapı (Kanonentor) ist eines der neun Tore der alten Landmauer. Es stammt ursprünglich aus der byzantinischen Zeit und hieß damals „Pyle tu Hagiu Romanu", was soviel wie „Tor des heiligen Romanos" bedeutet. Während der Eroberung Konstantinopels 1453 spielte das Tor eine wichtige Rolle, da der Hauptstoß des von Mehmet II. geführten Angriffs gegen dieses Tor gerichtet war. Der Sultan ließ das Tor von einer gewaltigen Kanone beschießen, die 300 Kilogramm schwere Steinkugeln abfeuern konnte. Dieser Waffe hielt das Tor nicht lange Stand und wurde dementsprechend zerstört. Das in türkischer Zeit wiederaufgebaute Tor erhielt daraufhin den Namen „Kanonentor".

ℹ️ Vom Busbahnhof, der sich außerhalb der Stadtmauer befindet, fahren Busse nach Europa sowie in alle größeren Städte der Türkei.

👁 Hier herrscht oft ein buntes Markttreiben, das wegen der orientalischen Atmosphäre sehenswert ist, auch wenn man gar nichts kaufen möchte.

LANDMAUER 9

Die alte Landmauer (Theodosius-Mauer) ist das gewaltigste Festungswerk der Spätantike. 413 befahl Kaiser Theodosius II. (408–450) ihre Errich-

Aufnahmen von kleineren Toren in der Mauer vermitteln einen guten Eindruck von der ungeheueren Breite des Bauwerks.

tung. Die Fertigstellung dauerte bis ins Jahr 447 hinein. Die Mauer reichte mit einer Länge von 6,5 Kilometern vom Marmarameer bis zum Goldenen Horn. Auf diese Weise wurde die kaiserliche Residenz vor Landangriffen geschützt. Die Theodosius Mauer hielt bis zur Eroberung der Stadt durch Sultan Mehmet II. Fatih 1453, also länger als 1000 Jahre, jedem Angriff stand. Bis ins 19. Jh. wurde sie von den Türken weitgehend instand gehalten und ist dementsprechend gut erhalten. Bis dahin war sie nur noch Angriffen der Natur in Form von Erdbeben und Unwettern ausgesetzt. Die Mauer besteht aus einer 13 Meter hohen **Innenmauer** mit 96 Türmen, die zwischen 15 und 20 Meter hoch sind. Die acht Meter hohe **Außenmauer** weist 82 Türme mit einer Höhe von neun bis zehn Metern auf. An den stärksten Stellen ist sie bis zu fünf Meter dick. 12 bis 15 Meter vor der Außenmauer verlief ein 15 bis 20 Meter breiter und sieben Meter tiefer Graben, der im Verteidigungsfall mit Wasser gefüllt werden konnte. Die Mauer wird von insgesamt neun **Toren** durchbrochen. Da sie recht breit ist, kann sie auf großen Teilen begangen werden – ein Spaziergang, der sich lohnt.

Turm der Festung Yedikule

YEDIKULE 10

An der Stelle der heutigen Festung Yedikule stand schon in byzantinischer Zeit eine Festung mit zunächst fünf, später sieben Türmen. Auf die Zahl der Türme bezieht sich die türkische Bezeichnung „Yedikule", die nichts anderes als eben „Sieben Türme" bedeutet. Vor der Festung errichtete Kaiser Theodosius I. im Jahr 380 einen Triumphbogen. Später wurde das Tor in den Bau der Landmauer miteinbezogen und zugemauert, ist aber noch als Tor zu erkennen. Die byzantinische Festung wurde bei der Eroberung der Stadt durch die Türken 1453 zerstört. In den Jahren 1457 und 1458 ließ Sultan Mehmet II. Yedikule wiederaufbauen, die zunächst als Schatzkammer diente und später zum Staatsgefängnis umfunktioniert wurde. Der Ostturm der Festung wird daher auch **„Turm der Inschriften"** genannt. Hier haben Gefangene Gedanken und Eindrücke in den Stein geritzt, die noch gut zu sehen sind.

Yedikule, tgl. von 9.30–17.00 Uhr geöffnet, außer Mo.

Nicht sehr weit von hier entfernt liegt an der Uferstraße die moderne Einkaufspassage Galeria in Ataköy, wo Sie u.a. Lederwaren einkaufen können.

MARMORTURM 11

Der Marmorturm (Mermer Kule) bildet den südwestlichen Eckpfeiler der sogenannten „Seemauer", die südlich der Festung Yedikule mit der Landmauer zusammentrifft. Der Turm wurde etwa 439 zusammen mit der Mauer errichtet. Seine weithin sichtbaren Marmorquader verschafften ihm seinen Namen. Während der byzantinischen Zeit diente der Turm als Gefängnis, unter osmanischer Herrschaft als Münzprägeanstalt. Er ist mit einer Höhe von 30 Metern der höchste der anderen Türme der Seemauer, die nur zwischen 15 und 20 Meter hoch waren. Der Marmorturm wurde erst vor kurzer Zeit zusammen mit dem anstoßenden Mauerwerk restauriert. Dadurch kann man einen sehr klaren und guten Eindruck von der alten Befestigungsanlage gewinnen.

Der Eckturm bietet zusammen mit den anstoßenden Mauern ein schönes Motiv. Es läßt sich ein guter Eindruck von der alten Befestigungsanlage festhalten. Am besten fotografieren Sie mit Tele vom Ufer des Marmarameeres aus.

NARLI KAPISI / SEEMAUER 12

 In Richtung Stadt befinden sich an der Uferstraße viele Ledergeschäfte, ganz in der Nähe der Gerbereien.

Der Narli Kapisi war einer der Tortürme der alten Seemauer Istanbuls. Zwischen dem Marmorturm und dem malerischen Fischereihafen Yenikapi führt heute die Kennedy Caddesi an dem ehemaligen befestigten Tor vorbei. Es ist nicht nur als Bestandteil der Seemauer interessant, sondern auch wegen der von Kaiser Manuel II. Komnenos 1163 angebrachten Inschrift, die noch gut zu erkennen ist. Die Seemauer wurde unmittelbar im Anschluß an die Landmauer im Jahre 439 unter Kaiser Theodosius II. gebaut. Anlaß war die Bedrohung der Stadt durch im Marmarameer beheimatete Seeräuber. Die Mauer reichte von der **Serailspitze** (Topkapi Sarayi) bis zum **Marmorturm** in der Nähe der Festung Yedikule. Sie erreichte damit, die Mauern der Hafenbuchten miteinbezogen, eine Länge von beinahe zehn Kilometern. Der Narli Kapisi war früher nur eines von insgesamt 36 Toren der Seemauer, die außerdem noch durch 103 Türme und Bastionen befestigt war. Seine am besten erhaltenen Teile sind beim Topkapi Sarayi zu besichtigen, die hier als Bestandteile der Palastmauer dienten. Durch den Bau der Küstenstraße war die Stadt 1959 gezwungen, die alte Seemauer durch Abrisse und Geländeaufschüttungen beinahe komplett zu entfernen. Der Narli Kapisi bietet noch heute einen sehenswerten Anhaltspunkt für die gewaltigen Dimensionen der ehemaligen Mauer.

🏛 LALELI MOSCHEE 13

Unter der Moschee befindet sich eine Ladenpassage mit einem Kaffeehaus.

Die Laleli Camii (Tulpenmoschee; Lal = Tulpe) stellt eines der Hauptwerke des türkischen Barock dar. Sie wurde in den Jahren 1759–1763 über einem unterirdischen Basar errichtet. Stifter der Laleli Moschee war Sultan Mustafa III. (1757–1774). Interessant an der Moschee ist gerade ihre Anlage über dem unterirdischen Brunnenhof und den Läden. Beinahe wie ein **Pfahlbau** ruht die Moschee auf mächtigen Unterbauten. Der Architekt Mehmet Tahir suchte und fand hiermit eine neue Verwirklichung der alten Verbindung von Markt und Moschee. Durch das Tieferlegen der Ordu Caddesi ist der gesamte Moscheenkomplex heute hoch über das alte Niveau hinausgehoben und durch eine Stützmauer abgesichert. Neben dem Portal der Moschee liegt die Türbe (Mausolcum), in der Mustafa III. und sein im Jahr 1808 von Janitscharen ermordeter Sohn Selim III. bestattet sind. Der Basar ist heute von der Straße aus zugänglich.

KALENDERHANE MOSCHEE 14

Kalenderiye (Kalender = Eigenbrötler) war der Name eines Derwisch-Ordens, dem das Bauwerk als Moschee diente. Die Kalenderhane Moschee ist nach mehreren Umbauten aus einer byzantinischen Kreuzkuppelkirche des 12. Jhs. hervorgegangen. Die eigentliche Geschichte der Moschee reicht bis in das 4. Jh. zurück. Die früheste an dieser Stelle vorhandene Anlage war ein spätrömisches Bad, von dem ein kleiner Rundbau in die jetzt bestehende Moschee mit einbezogen wurden. Ganz geklärt ist die Entstehungsgeschichte der Kalenderhane Moschee allerdings bis heute nicht. In letzter Zeit ist das **Äußere** des Bauwerks vom Verputz befreit und restauriert worden, so daß der Kern des Baus jetzt sehr gut sichtbar ist. Im **Inneren** findet man Malereien und Mosaike vor, die große Bedeutung für die Geschichte der byzantinischen Bildkunst und die Malerei der Kreuzfahrer haben. Das Mosaik des Christus im Tempel stammt aus der Zeit vor dem Ausbruch des Bilderstreits im Jahr 726. Die Malereien der Maria Kyriotissa (Bildthema, das Maria mit dem Christuskind auf dem Schoß zeigt) und das Mosaik des Erzengels Michael entstammen dem 12. Jh.

ℹ Die Kalenderhane Moschee kann außer zu den Gebetszeiten immer besucht werden.

📷 Für ein Foto vom Mosaik oberhalb des Haupteingangs, das Theotokus Kyriotissa zeigt, benötigt man wegen der nötigen langen Belichtungszeit einen festen Untergrund für die Kamera oder ein Stativ.

Moslem vor einem Reinigungsbrunnen

ŞEHZADE MOSCHEE 15

 Im Garten der Moschee befinden sich die mit besonders schönen Kacheln geschmückten Grabmale vom Lieblingssohn Süleyman des Prächtigen.

Die Sehzade Camii (Prinzenmoschee) ist in den Jahren 1544–1548 von Baumeister Sinan erbaut worden. Sultan Süleyman der Prächtige stiftete sie aufgrund des frühen Todes seines Lieblingssohnes Mehmet 1543 im Alter von 22 Jahren. Seine Lieblingsfrau Roxelane hatte den Sultan so gegen den mutmaßlichen Thronfolger aufgebracht, daß er ihn erdrosseln ließ. Süleyman bereute die Tat schon bald darauf wieder und ließ zum Andenken an den Sohn die Prinzenmoschee errichten. Mehmet ist in einer ungewöhnlich reich ornamentierten Türbe im Garten der Moschee beigesetzt. Wie alle großen Moscheen im klassischen türkischen Stil besitzt auch die Sehzade Camii einen beeindruckenden **Säulenhof** mit kuppelüberwölbten Galerien. In der Hofmitte befindet sich ein fein gestalteter Reinigungsbrunnen. An den Hof schließt das quadratische **Bethaus** an. Darüber wölbt sich die 19 Meter durchmessende **Zentralkuppel**. Teile der Buntglasfenster stammen noch aus der Bauzeit des Mausoleums (1543).

ORTAKÖY

Ortaköy (Mitteldorf) liegt direkt am malerisch europäischen Ufer des Bosporus. Den gewaltigsten Eindruck beim Näherkommen an die kleine Siedlung vermittelt die 1973 fertiggestellte **Bosporusbrücke.** Sie verbindet in einer Höhe von 64 Metern über Ortaköy das europäische mit dem asiatischen Ufer. Bei dem imposanten Brückenbau handelt es sich um die längste Hängebrücke Europas und die viertgrößte der Welt. Sie hat von Ufer zu Ufer eine Spannweite von 1074 Metern und ist insgesamt 1560 Meter lang. Gehalten wird die Brücke von zwei gewaltigen 165 Meter hohen Pfeilern. Sie ist über eine sechsspurige Autostraße befahrbar und über zwei Gehwege zu Fuß zu überqueren.

Direkt am Wasser, bei der Schiffsanlegestelle Ortaköy Iskelesi, stößt man auf die **Ortaköy Moschee.** Sie wurde kurz nach der Fertigstellung des Dolmahbace Palastes unter Sultan Abdülmecit 1854 erbaut. Baumeister waren Mitglieder der bekannten armenischen Architektenfamilie Balyan, Karabet und sein Sohn Nikogos Balyan, der seine Ausbildung teilweise in Paris erhielt. Die Moschee folgt in ihrer Bauweise dem Typus der barocken Einkuppelmoschee vermischt mit Elementen des Pariser Neobarock (Pariser Oper). Im Inneren der eleganten kleinen Moschee prägen verschiedene Marmorsorten das Bild. Ins Auge fällt hier vor allem die interessante farbliche Behandlung des Steins.

RUMELI HISARI

Die Festung Rumeli Hisari (Rumelien = Name des entsprechenden europäischen Landstrichs) wurde aus strategischen Gründen an die engste Stelle des Bosporus gebaut. Ihr Zweck war es, den Zugang zum Schwarzen Meer abzuriegeln.

ℹ️ Die Festung ist täglich von 10–16.30 Uhr zu besichtigen.

Sie wurde daher auch „Bogazkesen" (wörtl. Halszuschnürer) genannt. Erbaut wurde die gewaltige Festung 1452 noch vor der Eroberung Konstantinopels. Die Proteste des letzten byzantinischen Kaisers Konstantinos XI. konnten den Sultan nicht davon abhalten, Rumeli Hisari zu errichten und dadurch einen der Grundsteine zur späteren Eroberung der Stadt zu legen. Die tatsächliche Bauzeit zur Fertigstellung betrug nur drei Monate. Dies war nur durch den konzentrierten Einsatz von mehr als 2000 am Bau beteiligten Personen möglich. Die drei 25 bis 30 Meter hohen **Rundtürme** der Festung waren mit schwerkalibrigen Kanonen bestückt, die die gesamte Bosporusdurchfahrt beschießen konnten. Nach der Eroberung Konstantinopels verlor die Festung ihre Funktion als Bollwerk zum Meer hin und diente dem Sultan hauptsächlich als Staatsgefängnis. 1746 wurde sie nach einem Brand unter der Regie Sultan Mahmut I. zum ersten Mal und durch Marineminister Cemal Paşa 1917 / 18 ein zweites Mal restauriert. Am 500. Jahrestag der Eroberung Konstantinopels 1953 wurde die Festung schließlich gänzlich renoviert und von ihren Einbauten befreit.

Die Festung Rumeli Hisari am Bosporus

ARNAVUTKÖY

Arnavutköy (Albanerdorf) liegt noch im Stadtbereich von Istanbul auf der europäischen Seite des Bosporus. In der Regel wird man sich Arnavutköy vom Wasser her nähern. So fällt auch als erstes der schöne und idyllische Hafen des Fischerdörfchens ins Blickfeld. Die Wasserfront des Dorfes wird von einigen der malerischsten alten Holzhäuser des Bosporus geziert. Die Häuser stehen teilweise an der Frontseite auf ins Wasser ragenden Pfählen und gehören zu den größten Attraktionen Istanbuls. Die **Holzbauten** weisen fremdartige Verzierungen und Verschnörkelungen auf, die es sonst nirgendwo zu sehen gibt. Die Holzbauweise fand ihren Ursprung 1453 nach der Eroberung der Stadt. Hierbei wurden die Wohnquartiere stark zerstört und ein schneller Wiederaufbau notwendig. Außerdem ließ sich auf diese Weise dem islamisch-türkischen Ideal des Wohnens in abgeschlossenen Familienclans und entsprechend kleineren Häusern entgegenkommen.

ÜSKÜDAR

Von Eminönü aus erreicht man Üsküdar mit dem Boot in kaum mehr als zehn Minuten. Üsküdar gehört zum asiatischen Teil Istanbuls. Es wirkt durch die vielen erhaltenen Holzhäuser erheblich orientalischer als die europäischen Stadtteile. Von der Uferpromenade aus hat man einen hervorragenden Blick auf das auf der anderen Seite des Bosporus gelegene alte Istanbul. Die Geschichte Üsküdars reicht weit bis ins Altertum zurück. Von den Griechen „Chrysopolis" (Goldstadt) genannt, war Üsküdar der Hafen des heutigen Kadiköy. Während des osmanischen Reichs errichteten vor allem die Sultansmütter hier Moscheen, weil sie sich auf asiatischem Boden dem Propheten näher glaubten. Zu ihnen gehören die **Mihrimah Mo-**

> ℹ Regelmäßig verkehren Schiffe zwischen Eminönü und Üsküdar.

> ℹ Von Kabataş setzen kleine Boote alle paar Minuten nach Üsküdar über. Die Fahrtzeit beträgt knapp zehn Minuten.

63

👁 Wenn Sie den Anleger verlassen, gehen Sie nach rechts. Von der Promenade aus hat man einen herrlichen Blick auf das alte Istanbul. Der Kiz Kulesi (Mädchenturm) ist ganz nah am Ufer.

🍴 Huzur Restaurant, Iskele Caddesi 20, Üsküdar-Salacak, Tel. 333 31 57. Typisches Fischrestaurant.

schee, die **Moschee des Semsi Paşa**, die **Fayencenmoschee** und andere. Besonders sehenswert ist der Friedhof von Karaca Ahmet. Viele Osmanen wollten früher gerne auf dem gleichen Kontinent wie ihr Prophet Mohammed begraben sein. Auf diese Weise erhielt der Friedhof eine Ausgedehntheit und eine malerische Gestaltung, die einzigartig auf der Welt ist. An den in Stein gehauenen Kopfbedeckungen der Grabsteine sind Geschlecht, Alter, Beruf und gesellschaftliche Stellung der Verstorbenen abzulesen.

Auf der Fahrt nach Üsküdar kommt man am **Leanderturm** vorbei, der von den Türken „Kiz Kulesi" (Mädchenturm) genannt wird. Schon um das Jahr 500 v. Chr. bestand hier eine Art Zollstation der Griechen, die später auch von den Türken beibehalten wurde. Der heutige Turmbau stammt aus dem Jahr 1565.

BOSPORUS

ℹ Rundfahrtschiffe nach Anadolu Kavak legen vom Anleger in Eminönü ab. Die Fahrtdauer beträgt ca. drei Stunden. Abfahrtszeiten ändern sich und müssen daher am Anleger erfragt werden.

👑 Nehmen Sie das letzte Linienschiff Richtung Bosporus am Abend und steigen Sie in Yeniköy aus, wo es direkt am Anleger ein nettes Restaurant gibt. Zurück nehmen Sie am besten ein Taxi.

Der Bosporus (Rinderfurt, türk.: Bogazici = Enge) ist die Wasserstraße zwischen Schwarzem Meer und Marmarameer. Er ist knapp 30 km lang, bis zu 3,3 km breit und bis zu 120 m tief. Da das Schwarze Meer etwas höher liegt als das Mittelmeer, fließt das Wasser an der Oberfläche des Bosporus mit einer Geschwindigkeit von drei bis vier Stundenkilometern von Norden nach Süden. Den besten Eindruck von der Meerenge erhält man bei einer Bootsfahrt die Küste entlang. Während der Fahrt machen die Schiffe sowohl am europäischen als auch am asiatischen Ufer halt. An beiden Ufern gibt es bis zum Schwarzen Meer viele interessante Sehenswürdigkeiten. Unter kunsthistorischen Gesichtspunkten ist dabei die Gegend des unteren Bosporus besonders zu empfehlen. Der obere Bosporus ist dafür landschaftlich unberührter und damit auf seine Weise sehenswert. Wer die Fahrt gerne individuell gestalten würde, hat die Möglichkeit, ein kleines Boot mit Kapitän zu mieten.

Blick auf den Bosporus

PRINZENINSELN

Die Prinzeninseln sind ein Archipel aus vier bewohnten und fünf kleineren unbewohnten Inseln. Vom Anleger Sırkeci aus sind sie innerhalb von 45 Minuten mit dem Schiff zu erreichen. Der heutige Name „Prinzeninseln" rührt daher, daß sich in spätbyzantinischer Zeit die kaiserlichen Prinzen vor allem hier aufhielten.

Auf den Inseln findet kein Autoverkehr statt. Sie bieten sich daher für erholsame Spaziergänge an. Am interessantesten für den Besucher ist die Insel **Büyükada**. Sie ist die größte der Prinzeninseln und verfügt über zahlreiche Hotels und Pensionen, die auch einen längeren Aufenthalt möglich machen. Zur schnelleren Fortbewegung benutzt man hier Pferdedroschken, mit denen man auch zum Kloster der Verklärung Christi auf dem Nordhügel von Büyükada fahren kann. Dieses Kloster wurde 1597 errichtet. Auf dem Südhügel befindet sich das Kloster des hl. Georg. Von hier hat man eine phantastische Aussicht auf die Insel.

ℹ️ Schiffe zur größten Prinzeninsel Büyükada fahren regelmäßig vom Anleger Sırkeci ab. Die Fahrtdauer beträgt ca. 45 Minuten.

🍴 Direkt am Anleger gibt es mehrere Restaurants. Bei warmem Wetter ißt man draußen am Wasser.

65

Apotheken (Eczane)

findet man an jeder Straßenecke. Gewöhnliche Medikamente bekommt man ohne Rezept, trotz der eingeführten Rezeptpflicht. In den Schaufenstern sind die Adressen der nächsten diensthabenden Apotheken angeschlagen.

Auto

In der Stadt ist es nur lästig. Lassen Sie es in einer bewachten Garage, trotzdem ohne Wertgegenstände. Für Ausflüge in die Umgebung kann es praktisch sein (Çamlıca, Belgrader Wald, Schwarzes Meer). Gelbe Straßenschilder weisen auf sehenswerte Orte hin.
In allen Autoangelegenheiten hilft der Automobilclub weiter.
Bei größeren Unfällen rufen Sie die Polizei; und unterschreiben Sie das Protokoll nur, wenn Sie es wirklich verstanden haben.
Es kann sein, daß Sie bei der Polizei festgehalten werden oder nicht ausreisen dürfen. In dem Fall bestehen Sie darauf, sich mit dem Generalkonsulat in Verbindung setzen zu dürfen. Wenn Sie in der Stadt falsch parken, kann es Ihnen passieren, daß Ihr Auto abgeschleppt wird, nämlich vom Polizeidienst. In diesem Fall müssen Sie bei der nächsten Polizeistation (Karakol) nachfragen, wohin das Auto abgeschleppt wurde. Gegen eine Strafgebühr können Sie es dort wieder auslösen.

Automobilclub

(Türkiye Turing ve Otomobil Kurumu, TTOK). Der Automobilclub hat seine Geschäftsstelle in Şişli, Halaskargazi Caddesi 364, Tel. 2 31 46 31–34; bietet Hilfe in allen Autoangelegenheiten (Abschleppdienst). Außerdem macht er sich um die Stadt verdient durch Einrichtung und Erhaltung von Parkanlagen, Hotels und historischen Plätzen. Es lohnt sich, Informationen vom Touring-Club zu holen und dessen Bücherangebot anzusehen.

Baden

Trotz des vielen Wassers sind die Möglichkeiten begrenzt. Bei günstigen Wind- und Wasserströmungsverhältnissen kann man an den Prinzeninseln baden. Hinter Rumeli Kavağı führt eine Straße zum Goldstrand (Altın Kum) am Bosporus (im Sommer viel Betrieb und mit Eintritt). Am Schwarzen Meer in Kilyos und natürlich auch auf der asiatischen Seite gibt es einige Strände. In der Nähe von Şile liegt Kumbaba mit Campingplatz und Hotel; hinter Şile der schöne Campingplatz „Akkaya" mit Motels. Schließlich, wenn zum Ausflug keine Zeit bleibt, können Sie ein Hamam besuchen.

Camping

Am Marmarameer gibt es drei Campingplätze: Florya Turist Camping, Camping Yeşilyurt, Camping Ataköy. Weit von der Stadt entfernt sind die Plätze am Schwarzen Meer: auf der europäischen Seite in Kilyos und Gümüşdere, auf der asiatischen in Şile (Kumbaba) und Akkaya.

Dampfer

Liniendampfer fahren zu den Orten am Bosporus, zu den asiatischen Stadtteilen Kadıköy, Haydarpaşa, Bostancı, zu den Prinzeninseln (und weiter nach Yalova). Die Anlegestellen (İskele) liegen zwischen der Galatabrücke / Eminönü und Sirkeci. Von Karaköy fahren nur die Liniendampfer nach Kadiköy und Haydarpaşa ab. Autofähren gehen von Sirkeci nach Haydarpaşa und Üsküdar. Ein Schnellbootverkehr (Denizotobüsteri) ist zwischen Kabataş und Bostancı eingerichtet (mit Zubringerbussen). Außerdem fahren kleine Motorboote auf dem Goldenen Horn bis nach Eyüp und Dolmuşboote über den Bosporus zwischen Beşiktas-Üsküdar und Yeniköy-Beykoz am oberen Bosporus. Diese Boote sind größere Fischerboote, die erst abfahren, wenn ca. zehn Personen zusammengekommen sind. Man kann sie für eine Fahrt auf dem Bosporus oder zu den Prinzeninseln für einen ganzen Tag mieten. Mit dem Kapitän macht man Zeit und Preis aus, allerdings spricht die Besatzung (zwei bis drei Personen) nur türkisch, die Anlegestelle befindet sich in Yeniköy am Bosporus. Die Fahrpläne der Dampferlinien hängen an allen Anlegestellen aus, es gibt an den Verkaufsschaltern auch Fahrplanheftchen.

Deutschsprachige Einrichtungen

Goethe-Institut (Türk-Alman Kültür Enstitüsü) in Istiklâl Caddesi / Odakule; Deutsche Schule (Alman Lisesi) am Tünel-Istiklâl Caddesi; Evangelische Gemeinde in Beyoglu (Tel. 2 50 30 40); Katholische Gemeinde in Nişantaşı (Tel. 2 48 36 91); Deutsches Krankenhaus am Taksim, Siraselviler Cad. 119 (Tel. 2 51 71 00); unmittelbar daneben das Deutsche Archäologische Institut; Deutsches Generalkonsulat am Taksim, Inönü Caddesi 16–18, Ayazpaçe (Tel. 2 51 54 04).

Feiertage

Neujahr; 23. April – Nationaler Unabhängigkeit und Çocuk Bayramı (Kinderfest) mit Umzug von Schulkindern im Inönü-Stadion in Dolmabahçe und auf der Istiklâl Caddesi; 27. Mai – Tag der Verfassung; 30. August – Tag des Sieges (über die Griechen 1922); 29. Oktober – Tag der Republik. Am 10. November – Gedenkminute in der Todesstunde Atatürks. Die beiden großen religiösen Feste Şeker Bayram (Zuckerfest), im Anschluß an den Ramazan (Fastenmonat), und Kurban Bayramı wandern um etwa elf religiösen Kalender im Jahr (Verschiebung um zehn Tage zum Jahresbeginn hin). An diesen Feiertagen sind Geschäfte (außer Lebensmittelläden) und Behörden je vier Tage geschlossen.

Flughafen

Der internationale Flughafen von Istanbul liegt bei Yeşilköy am Marmarameer und heißt offiziell „Atatürk hava Limani" (Atatürk-Flughafen). Der Zoll ist in der Regel freundlich. Bei der Ankunft finden Sie nach der Zollkontrolle in der Vorhalle einen Bankschalter zum Geldwechseln. Man wechselt günstiger in der Türkei als zuhause. In die Stadt können Sie mit dem Taxi fahren oder den Flughafenbus benutzen, der aber nur vom Inlandsflughafen Yeşilköy (Yesilköy Havalimanı) abfährt, der dem internationalen Atatürk-Flughafen benachbart liegt. Es gehen Verbindungsbusse zwischen beiden Flughäfen, doch müssen Sie dafür extra Zeit einkalkulieren. Die Ankunfts- und Abfahrtsstelle der Flughafenbusse ist der Terminal der THY (staatl. türkische Fluglinie) im Stadtteil Şişhane, in der Nähe des Galata-Turmes. Falls Sie einen Inlandsflug gebucht haben, ist es in jedem Fall bequem und billig, vom Terminal in Şişhane zum Inlandsflughafen Yeşilköy mit dem Flughafenbus zu fahren. Flughafen-Auskunft: Tel. 573 29 20.

Fremdenverkehrsamt

Turist Informasyon. Das Hauptbüro liegt in Beyoglu / Galatasaray, Meşrutiyat Caddesi 57. Informationsstellen sind in Sultan Ahmet neben der Bushaltestelle, im Hafengebäude (Yolou Salonu) von Karaköy und im Hilton Hotel in der Cumhuriyet Caddesi. Information bekommt man im Automobilclub (Türkiye Turing ve Otomobil Kurumu). Als Stadtplan ist empfehlenswert: City Map Istanbul (mit Straßenverzeichnis und Hauptbuslinien).

Fundsachen

Nach Dingen, die man in öffentlichen Verkehrsmitteln verloren hat, kann man an den großen Bushaltestellen und in den Bahnhöfen fragen.

Führungen

In den staatl. Museen, vor allem im Topkapı-Palast, in der Hagia Sophia und im Archäologischen Museum bieten am Eingang staatl. geprüfte Museumsführer ihre Dienste an (auch fremdsprachig). Außer ihnen hat niemand das Recht, in den Museen zu führen.

Geldwechsel (Kambiyo)

Banken sind wochentags zwischen 9–12.30 und 13.30–17.00 Uhr geöffnet. Für den Scheckwechsel wird häufig der Paß verlangt. Im Basar zahlt man günstiger mit ausländischer Währung oder Scheck. An Sonn- und Feiertagen kann man in Karaköy im Yolcu Salonu und im Hilton Hotel in Harbiye Geld wechseln. Es ist günstiger, Geld in der Türkei zu wechseln als zuhause.

Gottesdienste

Neben den Gottesdiensten in den Moscheen (Gebetszeiten) werden christliche Gottesdienste in den seit alters her hier ansässigen verschiedenen Religionsrichtungen in eigenen Kirchen abgehalten (z. B. griech.-orthodox – Agia Tiada am Taksim, Balıklı-Kilise, Patriarchatskirche; römisch-katholisch: St. Antoin in der Istiklâl Caddesi, Nähe Galatasaray; armenisch-katholisch im Balık Pazarı).

Konsulat

Sollten Sie in Istanbul in ernsthafte Schwierigkeiten kommen, ist es ratsam, sich an die Vertretung des eigenen Landes zu wenden. Das Konsulat der Bundesrepublik Deutschland (Alman Başkonsoloslugu), Tel. 2 51 54 04, befindet sich in der Nähe des Taksim-Platzes auf der Inönü Caddesi 16–18 (gebräuchlich ist der alte Straßenname: Gümüşsuyu); es ist an Wochentagen vormittags geöffnet. Das Schweizer (Isviçre Baskonsoloslugu), Tel. 2 48 50 70, und Österreichische (Avusturya Baskonsoloslugu). Tel. 2 40 54 72, Konsulat befinden sich in Teşvikiye.

Krankenhäuser

Deutsches Krankenhaus – Alman Hastanesi, Nähe Taksim in Siraselviler

Cad. 119, Tel. 2 51 71 00 (tagsüber gut besetzt); Amerikanisches Krankenhaus – Admiral Bristol / Amerikan Hastanesi, Nişantaşi, Güzelbahçe Sokak, Tel. 2 31 40 50; Etfal Hastanesi Şişli – Städtisches Krankenhaus; Universitätsklinik Çapa Millet Caddesi vor dem Stadttor Topkapı; Ilk Yardım Hastanesi (auch Taksim Hastanesi) Nähe Taksim-Platz Sira Selviler, ist das Erste-Hilfe-Krankenhaus.

Die Behandlungskosten werden direkt bar bezahlt, Medikamente müssen selbst gekauft werden. Das Deutsche und Amerikanische Krankenhaus sind teure Privatkrankenhäuser, sie sind aber den anderen genannten Krankenhäusern vorzuziehen.

Ladenschluß

Der große Basar ist von 8–19 Uhr geöffnet, Banken und Büros schließen zwischen 16 und 17 Uhr, Läden in den Geschäftsstraßen um 18.30 Uhr, die Kaufläden „um die Ecke" (Bakkal) haben oft bis spät offen.

Moscheenbesuch

Der Gläubige nimmt vor dem Gebet die rituelle Waschung an dem Reinigungsbrunnen (Şadırvan), den es in jeder Moschee gibt, vor. Bevor er den Innenraum der Moschee betritt, zieht er die Schuhe aus. Männer setzen oft ein Gebetskäppchen auf (besonders freitags), Frauen bedecken ihre Haare mit einem Kopftuch. Sie beten in extra für Frauen vorgesehenen Abeilungen, die durch Gitter oder Vorhänge vom Hauptraum getrennt sind.

Ungläubige Besucher können meist ungestört die Moschee ansehen; während der Gebetszeiten wird der Besuch nicht gern gesehen. Ein rücksichtsvolles Verhalten ist in jedem Fall angebracht, entsprechende Kleidung selbstverständlich; ärmellose T-Shirts und kurze Hosen sind verpönt. Schuhe werden grundsätzlich ausgezogen und zwar unmittelbar vor dem Eingang, so daß man den Fuß nicht mehr auf den schmutzigen Boden setzt.

Öffentliche Verkehrsmittel

Busfahrkarten werden an den großen Haltestellen an Fahrkartenschaltern verkauft, an kleineren Haltestellen stehen oft fliegende Händler, die Karten zu einem kleinen Aufpreis verkaufen. Im Bus gibt es keine Billets. Es gibt auch keine Umsteigebillets. Der Preis ist sehr niedrig.

Taxis fahren zu einem niedrigen Tarif mit Taxameter – das Feilschen um den Preis entfällt. Tagestarif: ein rotes Lämpchen leuchtet; Nachttarif von 24–6 Uhr: zwei Lämpchen leuchten. Die Taxifahrer kennen zwar die großen Stadtviertel, nicht jedoch die Straßennamen der einfachen Straßen. Es ist wichtig, sich vor der Fahrt selbst auf dem Stadtplan zu orientieren.

Zu Wasser benutzt man die Bosporusdampfer, die Autofähren und die Denizotobüsleri (Meeresautobusse).

Polizei

Jeder Bezirk hat sein zuständiges Polizeiamt (Karakol). Touristen wenden sich an den Alemdar Karakolu in Sultan Ahmet, Nähe Hagia Sophia (z. B. bei Beschwerden, Diebstahl u. a.). Notruf Polizei 055.

Post

Das Schild PTT auf gelbem Grund zeigt die Postämter an. Die Hauptpost ist einschließlich Sonntag von 8–20 Uhr geöffnet (in Sirkeci, Yeni Postahane Sokak). Auch die Postämter in Beyoglu und am Taksim haben längere Geschäftszeiten. Die Post funktioniert sehr gut.

Telefonieren

Zahlreiche Telefonzellen stehen in der Stadt verteilt und auch vor und in den Postämtern.

Trinkgeld

In kleinen wie großen Restaurants üblicherweise ca. 10–15%. Auch für die Garderobe, an Platzanweiser u. ä. wird ein kleines Trinkgeld gegeben (Bakschisch).

Trinkwasser

Das Wasser aus der städtischen Wasserleitung sollte man in Istanbul grundsätzlich nicht trinken. Zum Zähneputzen kann man es jedoch benutzen. Viele Istanbuler holen ihr Trinkwasser auf Sonntagsausflügen in Kanistern aus Quellen im Belgrader Wald. Neuerdings gibt es (ziemlich teures) Trinkwasser in durchsichtigen Plastikflaschen. Aber auch das Trinkwasser in kleineren Glasflaschen mit Alu-Kapselverschluß steht unter staatl. Kontrolle und kann ohne Bedenken getrunken werden. Man bekommt es in vielen Lokantas und Restaurants. Das dort auch gebotene offene Wasser in Krügen oder Karaffen sollte man nicht trinken. Wasser aus staatl. kontrollierten Quellen wird auch in den kleinen Kaufläden (Bakkal) verkauft. Dort auch öfter in „Familienflaschen".

Wetter

Istanbul hat ein gemäßigtes Klima. Der Sommer (von Juni bis September) ist warm bis heiß; Gewitter, die vom Schwarzen Meer aufziehen, sorgen für Abwechslung. Der Winter ist feucht bis kalt; Schnee gibt es selten, doch wenn, dann bricht der Stadtverkehr zusammen. Das Frühjahr ist unberechenbar; herrliche Frühlingstage im April können bis Ende Mai von kalten Regentagen verdrängt werden (Kleidung!). Der Herbst ist beständig und schön bis Mitte Oktober.

Zeitungen und Zeitschriften

Eine türkische Tageszeitung erscheint in englischer Sprache: „Daily News", am Zeitungskiosk erhältlich. Ausländische Zeitungen und Zeitschriften gibt es in Buchhandlungen und an größeren Kiosken, in den großen Hotels und an touristischen Plätzen. Eine Zeitschrift mit monatlichem Veranstaltungsplan gibt es nicht. In der Monatszeitschrift „Şehir" ist ein Informationsteil enthalten, leider nicht vollständig.

Sehr empfehlenswert ist für alle Türkei-Interessierten „Bizim Almanca".

Die Kamera gehört dazu

Was wäre der schönste Stadtbummel, wenn Sie zu Hause die vielen Entdeckungen nicht noch einmal erleben könnten? Deshalb ist die Kamera so wichtig wie das Kleingeld für Bus oder Bahn! Dann gehören noch die richtigen Filme dazu. Einer kommt gleich in die Kamera, ein paar weitere brauchen Sie als Reserve.

Filmempfindlichkeit

Die Empfindlichkeit moderner Filme wird in ISO angegeben. Je höher diese Zahl, desto weniger Licht brauchen Sie für perfekte Aufnahmen. Für den Stadtbummel empfehlen wir Filme ISO 200/21°. Bei verhangenem Himmel sollten Sie besser einen 400er Film nehmen. Für farbige Papierbilder sind die Filme von Agfacolor XRG 200 oder Agfacolor XRG 400 genau richtig.

Die Stadt: viel mehr als nur Bauwerke

Wenn Sie nur die wichtigsten Gebäude einer Stadt im Bild einfangen wollen: Kaufen Sie sich Postkarten!
Die Stadt lebt erst von dem, was sich vor und in diesen Gebäuden tummelt, und zwar gerade in der Zeit, in der Sie daran vorbeigehen. Ihre höchst private Bilderserie sollte also eine Mischung aus Bauwerken, Detailaufnahmen, den Bürgern - und vor allen Dingen - ihrer Begleitung sein.

Architektur

Das Vertrackte an Gebäudeaufnahmen sind häufig die Verzerrungen, die sog. „stürzenden Linien". Mit der Kleinbildkamera können Sie dies nur vermeiden, wenn Sie die Kamera gerade halten. Wo möglich, mit dem Teleobjektiv aufnehmen!
Aber: Das Gebäude muß mindestens Dreiviertel des Suchers einnehmen, sonst wirkt das Bild hinterher langweilig. Sollte kein ausreichender Abstand gegeben sein, machen Sie eben aus der Not eine Tugend. Gehen Sie möglichst dicht an das Gebäude heran, und richten Sie die Kamera weit nach oben. Auf dem Bild sieht das dann so aus, als würde das Hochhaus oder der Kirchturm umstürzen. Ungewöhnliche Perspektiven sind die Würze der Fotosafari durch die Stadt! Bei Architekturaufnahmen blendet man so weit wie möglich ab, damit der Schärfebereich möglichst groß bleibt. Wenn Sie keinen hochempfindlichen Film haben, sollte die Kamera auf einem Stativ oder auf einer festen Unterlage stehen.

Detailaufnahmen und Oberflächenstrukturen

Die meisten sehenswerten Gebäude bergen eine große Anzahl von Details, die Sie sich nicht entgehen lassen sollten. Es gibt in jeder Stadt wunderschöne Wasserspeier, Stuck-Rosetten, Bleiglasfenster, Balkongitter, Haustüren und Pforten, Zunftschilder über Gewerbebetrieben oder Jugendstilfassaden. Wenn Sie gezielt nach solchen Motiven suchen, wird der Stadtbummel zu einem besonders intensiven Erlebnis.
Detailaufnahmen gelingen am besten, wenn das Licht von der Seite einfällt. Die Motive erscheinen sehr viel plastischer auf dem Bild, und die Unebenheiten des Materials kommen besser zur Geltung.

Es gibt kein schlechtes Wetter zum Fotografieren

Zugegeben: Bei strahlendem Sonnenschein macht der Stadtbummel am meisten Spaß. Sie sollten aber wissen, daß die Sonne von 8 bis 10 und ab 15 Uhr das ideale Fotografierlicht liefert. Mit Sonnenlicht im Rücken kommen die Farben am besten zur Geltung. Seiten- oder Schlaglicht geben dem Bild Atmosphäre, modellieren Landschaften und Gesichter, zaubern herrliche Reflexe. Gegenlicht bringt besonders interessante Effekte, aber dabei heißt es vorsichtig sein. Motive im Vordergrund müssen entweder durch einen Blitz aufgehellt werden, oder Sie belichten ein bis zwei Blendenstufen länger (vorsichtshalber eine Aufnahme mehr machen).
Daß man bei Regen nicht fotografieren kann, ist nur eine bequeme Ausrede.

Auf nassem Asphalt entstehen wunderschöne Lichtreflexe. Alle kräftigen Farben werden zart und harmonisch wiedergegeben, alle zarten Farben erscheinen pastellartig leicht. Das einzige, was nicht naß werden darf, ist Ihre Kamera, aber da hilft oft schon ein Regenschirm oder ein Hauseingang.

Das persönliche Erlebnis gehört dazu

Halten Sie alles fest, was lustig oder wichtig ist. Ja, stellen Sie sogar manche Szenen. Wenn Sie mit einer oder mehreren Personen unterwegs sind, ist das ganz einfach. Drücken Sie auf den Auslöser, wenn Ihre Begleitung nach dem Weg fragt, sich erschöpft zur Mittagspause niederläßt, etwas Besonderes im Schaufenster entdeckt oder auf dem Flohmarkt um ein Souvenir feilscht. Solche Bilder machen hinterher oft mehr Freude als das Foto eines weltberühmten Bauwerks.

Innenräume

Häufig ist es erlaubt, auch in Innenräumen zu blitzen. Bedenken Sie dann bitte die Reichweite Ihres Blitzlichts. Sonst hilfe nur eins: Die Kamera ruhigstellen und mit Selbst- oder Drahtauslöser fotografieren. Wenn sich im Moment der Aufnahme Menschen bewegen, gibt diese Art der Unschärfe dem Bild zusätzlichen Reiz.

Nachtaufnahmen

Die „Nachtaufnahme" beginnt schon mit der Dämmerung, sobald nämlich das Licht der Straßenlaternen und Leuchtreklamen dominiert. Auch hier gilt, daß die Kamera unbedingt ruhig stehen muß (Stativ, Selbstauslöser). Das Einfallen starker Lichtquellen direkt ins Objektiv sollten Sie durch Wechseln des Standorts vermeiden. Bei tiefer Dunkelheit können Sie bis zu einer Minute belichten. Wenn in der Zeit ein Auto mit hellen Scheinwerfern auf die Kamera zufährt, halten Sie einfach so lange die Hand vors Objektiv, bis die Überblendgefahr behoben ist. Die roten Rücklichter brauchen Sie nicht zu fürchten. Sie erscheinen als eine faszinierende Doppelschlange auf dem Bild. Am besten gelingen Nachtaufnahmen nach einem Regenguß, wenn sich das wirre Spiel von Lichtern und Farben in tausend Reflexen auf dem nassen Asphalt spiegelt. Ein Blitzgerät erweitert die Fotomöglichkeiten ungemein. So haben Sie zumindest innerhalb der Reichweite des Blitzgerätes immer genügend Licht.

STICHWORTVERZEICHNIS